Rettet die Meditation

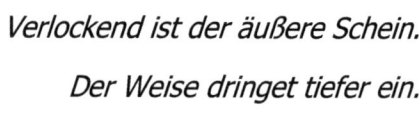

Verlockend ist der äußere Schein.

Der Weise dringet tiefer ein.

Wilhelm Busch

Retep Lhok Brenner

Rettet die Meditation

Das ursprüngliche Ziel

in zeitgemäßer

Darstellung

Bibliografische Information der Deutschen Nationalbibliothek:

Die Deutsche Nationalbibliothek verzeichnet diese Publikation in der Deutschen Nationalbibliografie; detaillierte bibliografische Daten sind im Internet über http://dnb.dnb.de abrufbar.

2.Auflage 2023

© 2018 Retep Lhok Brenner

Herstellung und Verlag: BoD – Books on Demand, Norderstedt

ISBN: 978-3-7528-4223-4

Printed in Germany

Inhalt

Vorwort zur 2.Auflage

Seit der ersten Auflage im August 2018 sind mittlerweile fünf Jahre vergangen, diverse Modifikationen böten sich an: Ein Hörbuch, die Preisaktualisierung von Buch und EBook, das Update einiger Referenzadressen im Internet, und noch etwas ...

Sri Swami Sivananda (2001:62) schrieb in dem Buch *Concentration und Meditation*:

> *Meditation is the only way for attaining Immortality and Eternal Bliss. Those who do not concentrate and meditate ... They are in fact living corpses and miserable wretches.*

Er war Yogi, Guru und in westlicher Medizin ausgebildeter, praktizierender Arzt, leider schon am 14.Juli 1963 verstorben. Ich kannte ihn folglich nicht persönlich, nur über seine Schriften und etliche Besuche in seinem Ashram in Rishikesh in Nordindien. Eine aufrichtige Herzlichkeit, kein Prunk, kein Luxus, dafür in unmittelbarer Nachbarschaft das Sivananda Charitable Hospital. Das wirkte authentisch, das wirkte ehrlich, es war spürbar, diesem Mann und seiner Lehre konnte man vertrauen.

Ich hatte daher beim Vergleich des introspektiven Verfahrens der alten Weisheitslehren mit den modernen, naturwissenschaftlichen Methoden die notwendige Vorsicht walten lassen, weder meine Leserschaft noch ich selbst sollten dem Club der *miserable wretches* beitreten 😊.

Oktober 2023, der Wissen schaffende Roman *Eva, die Bewusstwerdung des Bewusstseins mit einem Hauch von Samadhi* wurde jüngst veröffentlicht, eine teilweise überschneidende Thematik mit jedoch völlig anderem Ansatz.

Guten Gewissens könnte ich mittlerweile in der Konklusion die Vorteile moderner Wissenschaft deutlicher hervorheben, ohne dabei Gefahr zu laufen, die Alleinstellungsmerkmale meditativer Verfahren zu schmälern. Ja, die Zeit für eine zweite Auflage ist gekommen!

Alle Kernaussagen der ersten Auflage verbleiben, allein sollen manche Änderungen in Sichtweise und Formulierung dem Anspruch hoher Verständlichkeit durch eine zeitgemäße Darstellung noch besser Rechnung tragen.

Oktober 2023

Vorwort zur 1.Auflage

Was genau ist Meditation? Eine erste, kurze Recherche offenbart: Es gibt christliche Meditation, buddhistische Meditation, anthroposophische Meditation, transzendentale Meditation, Meditation als das Achtsamkeitstraining MBSR, Bildmeditation, Heilmeditation, und so weiter und so fort. Das ist mehr verwirrend als hilfreich, weshalb eine Krankenkasse auf ihrer Website das Problem so zu lösen versuchte: *Es gibt viele verschiedene Formen der Meditation. Finden Sie heraus, welche am besten zu Ihnen passt.*

Meditation, eine fernöstliche Praktik, in unseren Breiten noch vor wenigen Jahrzehnten nur von einer verschwindend kleinen Minderheit ausgeübt, ist längst in unserer Mitte angekommen, ist fast schon ein Pflichtbaustein geworden für Workshops, Seminare und andere Veranstaltungen. So bereichernd diese Entwicklung einerseits sein mag, ging und geht dabei andererseits das Wissen um die tiefere Bedeutung der Meditation mehr und mehr verloren. Das Interesse richtet sich zunehmend auf äußere Formen, mittlerweile bedeutet Meditation gelegentlich nur, einmal für *fünf Minuten den Schnabel zu halten.*

Das mag grundlegend in Ordnung sein, solange die Praktizierenden daraus einen Nutzen ziehen UND solange sie wissen, was Meditation ursprünglich bedeutete und beabsichtigte. Gerade aber dieses Wissen ist selten gegenwärtig, mehr und mehr trifft man auf Menschen, welche fest glauben an einer Meditation teilgenommen zu haben, nicht ahnend, dass sie auf einer Skala von eins bis zehn die Stufe Eins weder angestrebt noch erreicht haben.

Diese Schrift möchte einen Beitrag zur Aufklärung solcher Missverständnisse leisten und lädt Sie ein, gemeinsam zu erarbeiten, was Meditation ursprünglich einmal war und was Meditation ursprünglich bewirken wollte. Danach können Sie besser beurteilen, ob aktuell als Meditation bezeichnete Praktiken noch mit der ursprünglichen Form identisch sind, ob sie nur einen Teilbereich erfassen, ob sie eine Weiterentwicklung darstellen oder ob sie sich zwar des Namens bedienen, jedoch etwas völlig anderes bezwecken.

Teil 1: **Alte Weisheitslehren, fremde Sprachen, unbekannte Symbole und bewusst verschleierte Aussagen**

Wo steht die Wiege der Meditation? Lassen wir die Hermetik des alten Ägyptens zunächst einmal unbeachtet, bedenken wir ferner, dass Gautama Buddha ausgebildeter Yogi war, dann endet unsere Suche nach der Wiege der Meditation beim Yoga Indiens, dessen oberste Stufe *Raja-Yoga* genannt wird, das Yoga der Könige, die Meditation.

Leider findet sich auch hier keine einheitliche oder *zertifizierte* Form der Meditation, dafür aber eine grundlegende Gemeinsamkeit: Der Meditierende will offensichtlich etwas in sich entdecken, erkunden und verändern. Dieses Vorhaben scheint nur bei großem Engagement und enormer Disziplin zu gelingen und kann den Verlauf eines ganzen Lebens beanspruchen, sofern dies ausreicht. Bei weiterem Nachforschen stoßen wir jedoch alsbald auf höchst Befremdliches.

Zwar beginnt Patañjali (1999: 21) im Kapitel 1 der Yoga-Sūtren noch recht bodenständig:

> *... jener innere Zustand, in dem die seelisch-geistigen Vorgänge zur Ruhe kommen. Dann ruht der Sehende in seiner Wesensidentität. Alle anderen inneren Zustände sind*

bestimmt durch die Identifizierung mit den seelisch-geistigen Vorgängen ...

Er wechselt dann aber im dritten Kapitel, der Vibhũti Pãda, zu *Siddhis*, übernatürlichen Kräften.

Auch Paramahansa Yogananda (1997: 314-315) vermerkt in seinem Buch *Autobiographie eines Yogi:*

> *Primitive Menschen erkennen selten oder nie, dass ihr Körper ein Königreich ist, das von der Seele regiert wird; sie wissen nicht, dass die Seele auf dem Thron des Großhirns sitzt und über sechs Hilfsregenten in den Rückenmarkszentren (Bewusstseinssphären) befiehlt ...*

Sri Swami Saraswati Sivananda (1994: XII) geht in seiner Schrift *Kundalini Yoga* genauer auf solche Zentren ein und empfiehlt eine intensive Konzentration auf diese Bereiche, angefangen mit einem Punkt zwischen den Genitalien und dem Anus.

In sich ruhen, das klingt noch gut, aber übernatürliche Fähigkeiten? Sechs Hilfsregenten? Sollten da noch andere Wesen in unserem Körper *wohnen*, benötigen wir gar einen Exorzisten? Haben wir aufgeklärte und wissenschaftlich orientierte Menschen der Moderne solchen Hokuspokus nicht längst überwunden? Konzentration auf den Beckenboden, welche geistige Erkenntnis soll ich denn gewinnen, wenn ich mich intensiv meinem Anus oder meinen Genitalien widme? Sagt der gebürtige Inder Sri Chinmoy (1994: 145) doch selbst:

> *Da die Botschaft der Gita in Indien nicht wirklich verstanden wurde, ist dieses Land überreich an trockenen Asketen und unerleuchteten Menschen der Tat.*

Angesichts solcher Merkwürdigkeiten erscheint es ratsam, unser Bemühen um ein tieferes Verständnis der Meditation besser gleich hier und jetzt einzustellen und das Thema, zusammen mit anderen befremdlichen Auswüchsen menschlichen Geistes, an Ort und Stelle zu begraben.

Wäre da nicht beispielsweise Swami Sivananda, ein in westlicher Medizin ausgebildeter und lange Jahre praktizierender Arzt, zeitweise sogar Leiter eines Krankenhauses in Malaysia und später Gründer des gemeinnützigen Sivananda Charitable Hospitals in Rishikesh. Würde ein solcher Mann unsinnige Ratschläge geben?

Wohl kaum, und wiederum bietet Sri Chinmoy (1994: 10, 12) eine Erklärung an:

> *... da der Veda ursprünglich ein geheimes Buch war, zugänglich nur für wenige. ... bot die Verschlüsselung der vedischen Lehren in einer stark symbolischen Sprache*

zusätzlichen Schutz vor der Vulgarisierung und dem daraus entstammenden Missverständnis seiner wahren Lehren. ... im Gang der Jahrhunderte wäre allerdings das Wissen um die innere Bedeutung dieser Verse und Begriffe fast gänzlich verschwunden und der äußere Aspekt als ihre vollständige Bedeutung angesehen worden.

Wie bitte, Verschlüsselung? Symbolische Sprache? Nun ja, Sprache besteht aus Worten, und Worte sind nichts anderes als Symbole für etwas aus unserer jeweiligen inneren oder äußeren Erfahrungswelt, orts- und zeitabhängig. Wenn wir heute zu einer Person einen *Draht haben* oder mit ihr auf einer *Wellenlänge liegen*, benutzen wir Fachbegriffe aus der Elektronik oder der Kommunikationstechnik. Ein Yogi, der vor fünftausend Jahren gelebt hatte und auf einen Text mit solchen Ausdrücken gestoßen wäre, würde vergeblich nach dem Stück Kupferdraht oder den gemeinsamen Wellen und deren Länge gesucht haben, seine Übersetzung unserer modernen Redewendungen müsste zwangsläufig befremdlich, irreführend und völlig falsch ausfallen.

Oder denken wir beispielsweise an die Hinweise auf unseren Autobahnen: *Halber Tacho Abstand!* Ein

Tacho hat zirka fünfzehn Zentimeter Durchmesser, sollen wir bei Tempo Hundert, um Unfälle zu vermeiden, uns dem Vordermann tatsächlich auf siebenkommafünf Zentimeter nähern?

Advent 2017 empfahl der Papst (Kaube, FAZ), den deutschen Text des Vater-Unser-Gebets zu ändern: *... und führe uns nicht in Versuchung, sondern erlöse uns von dem Bösen.* Sein Argument: Ein wirklicher Vater oder Gott führt seine Geschöpfe nicht erst in Versuchung, um sie dann zu bestrafen, daher vermutete er hier einen Übersetzungsfehler.

Worte sind also tatsächlich Symbole für etwas aus unserer jeweiligen inneren oder äußeren Erfahrungswelt, aus Vergangenheit, Gegenwart oder Zukunft, zeit- und ortsabhängig. Zunächst erfolgt immer eine entsprechende Wahrnehmung, erst im Anschluss wird sodann ein Wort als Symbol dafür gesucht oder neu erschaffen. Wollen wir umgekehrt später solche Worte oder Symbole richtig deuten und verstehen, kann das nur gelingen, wenn uns die Zuordnung zwischen Wort oder Symbol und Wahrnehmung bereits bekannt ist, wenn wir in *dieses Geheimnis* eingeweiht sind. Es ist wie die Begegnung mit einer neuen und uns unbekannten Sprache, ohne Kenntnis der beschriebenen Zuordnung bleibt der Text *verschlüsselt.*

Solche Zusammenhänge sollten uns eigentlich bestens vertraut sein: Der Westen hat seit zirka Mitte des letzten Jahrtausends eine eigene Wissenschaftskultur entwickelt, deren Fach- und Symbolsprache sich für Laien ebenfalls als nicht nachvollziehbar erweist, denken wir beispielsweise an Mathematik, Chemie oder Medizin. Allerdings handelt es sich hier um eine fachspezifische Notwendigkeit und nicht um eine beabsichtigte Verschleierung, und jeder wirklich Interessierte hat die Möglichkeit, solche vermeintlichen Geheimnisse zu lüften, beginnend im Mathematik- und natur-wissenschaftlichen Unterricht allgemeinbildender Schulen bis hin zum Besuch einer Universität.

Neben dieser Kategorie von Schwierigkeiten gibt es auch noch solche der menschlichen Wesensart (Sivananda Bhagavadgita, 2003: VII.3):

Unter Tausenden von Menschen strebt vielleicht einer nach Vollkommenheit, selbst von denen, die erfolgreich streben, erkennt nur einer vielleicht mein Wesen.

Offensichtlich wurde Meditation weder von jedermann praktiziert noch erwies sie sich für jedermann als geeignet.

Was bedeutet das nun alles für unser Vorhaben, Meditation tiefgehend zu begreifen? Um die alten

Texte zu entschlüsseln und zu verstehen, müssten wir zuvor zumindest eine gewisse Ahnung davon haben, was damals dank Meditation entdeckt worden war und welche Veränderungen damit bewirkt worden waren. Wie könnten wir nun zu einer solchen gewissen Vorahnung, zu einer solchen *Einweihung* gelangen?

Gehen wir doch einmal davon aus, dass der Homo Sapiens in den letzten fünftausend Jahren sich hinsichtlich Körperstruktur und *Funktionsweise* nicht wesentlich verändert hat. Können wir dann mit relativ großer Gewissheit nicht auch davon ausgehen, dass das, was damals im oder am Menschen entdeckt und als veränderungsbedürftig eingestuft worden war, nicht auch heute noch präsent ist?

Wenn wir also Medizin und Psychologie einmal entsprechend danach durchforsten, müssten wir dann nicht eine gute Ausgangsbasis haben, um im Vergleich mit diesbezüglichen Texten antiker Weisheitslehren diese zu entschlüsseln und verstehen zu können? Es wäre so ähnlich wie mit dem Stein von Rosetta: Auf ihm war ein Dekret in Griechisch, Demotisch und in Hieroglyphen verfasst, genauer gesagt eingemeißelt worden. Den griechischen Text konnte man lesen, somit das behandelte Thema erfassen und daraus die bis dato unbekannte Schrift der Hieroglyphen entziffern.

Zusätzlich wäre vermutlich noch eine kleine Prise Demut und guter Wille angebracht. Wir verfügen heute in der Forschung über komplexe technische Apparaturen, in früheren Zeiten musste man sich mangels solcher Hilfsmittel überwiegend mit der Methode der Introspektion begnügen. Auch künftig werden neue Einsichten und neue technische Errungenschaften das Angesicht der Wissenschaft kontinuierlich verändern. Wir hoffen und wünschen aber dennoch, dass Forscherinnen und Forscher kommender Jahrtausende uns nicht mitleidig belächelnd einer *quasi vorwissenschaftlichen Epoche* zuordnen, sondern uns Achtung und Respekt entgegenbringen für die Art und Weise, wie wir im Rahmen unserer Möglichkeiten bemüht waren, Wissen zu schaffen und den Weg für nachfolgende Generationen vorbereiteten.

Jede weitere Treppenstufe kann immer nur dann sicher betreten werden, wenn die vorhergehende sorgfältig gemauert wurde. In diesem Zusammenhang empfehlenswert ist die Mitschrift einer Rede von Prof. Dr. Dr. Gerhard Vollmer, gehalten anlässlich der Versammlung der Gesellschaft Deutscher Naturforscher und Ärzte in Bremen: *Wir irren uns empor.* (Sandhoff 2007: 357)

Möglicherweise aber waren, gerade umgekehrt, einige der alten Weisheitslehren unserer modernen und betont objektiven Wissenschaft bereits eine

Nasenlänge voraus? Weil sie sich bevorzugt mit jenem Phänomen auseinandersetzten, welches sich moderner Forschung methodenbedingt verschließt, der Introspektion aber bereitwillig öffnet, dem Bewusstsein? Weil nur Bewusstsein das bewusste Sein erkunden kann?

Wenden wir uns in Folge zunächst einigen hilfreichen Erkenntnissen aus Medizin und Psychologie zu.

Teil 2: Abriss der Psyche aus heutiger Sicht

Wie ist aus heutiger Sicht der Mensch strukturiert, wie *funktioniert* er?

Ein erster Blick zeigt Kopf, Rumpf, Gliedmaßen, ein Blick ins Innere offenbart Herz und Lunge im oberen Rumpf und weiter unten die Organe zur Nahrungsverdauung, Fortpflanzung und Ausscheidung. Der Kopf beherbergt Mund samt Gebiss zur Aufnahme und Vorverarbeitung der Speisen und im oberen Bereich das Gehirn. Es gibt Sinnesorgane wie Augen, Ohren, Nase, Zunge, Rezeptoren in Muskeln und Gelenken zur Information über Bewegungen und Haltung des Körpers, Rezeptoren für Tastsinn, Temperatur-wahrnehmung, Gleichgewichtssinn und so weiter. Im gesamten Körper werden ununterbrochen auf Basis elektrischer und chemischer Impulse Informationen ausgetauscht und daraus resultierend geeignete Maßnahmen eingeleitet, Tag und Nacht und jenseits unserer bewussten Wahrnehmung.

Unser Interesse gilt bevorzugt dem psychischen Aufbau und daraus resultierenden Aktivitäten, also dem Gehirn. Genauer gesagt, den Gehirnen! Schon Sigmund Freud, Begründer der Psychoanalyse, soll geäußert haben, dass seine Lehre bereits überholt sei und künftig einer Synthese zwischen Psychologie und Biologie werde weichen müssen (Servan-Schreiber, 2006:33). Für einen Nachweis allerdings fehlten ihm damals noch die technischen Möglichkeiten, dieser Nachweis konnte erst Mitte des 20sten Jahrhunderts erbracht werden: Das emotionale Gehirn als Partner beziehungsweise als Gegenspieler des rationalen Gehirns.

Das emotionale Gehirn, zuständig für unsere Emotionen und Triebe, ist ein Gehirn im Gehirn, weil davon abgegrenzt auch limbisches Gehirn genannt (lat. limbus, Rand, Abgrenzung), eine in der Evolution sehr frühe Entwicklungsform des Gehirns, daher auch Stammhirn (von abstammen) genannt, selbst Reptilien verfügen über diesen Gehirntyp, daher auch Reptilienhirn genannt.

Es differenziert nur wenig, bietet dafür aber einfache und sehr schnelle Lösungen an. Es reagiert nicht oder kaum auf Sprache, wohl aber auf Realität, sei es nun eine gegenwärtige Realität, eine vergangene Realität in Form einer Erinnerung, oder eine mögliche zukünftige Realität in Form einer Visualisierung. Es kommuniziert nicht mit sprachlichen Konstrukten, sondern mit Emotionen und bildhafter Symbolik.

Erst im späteren Verlauf der Evolution hat sich um dieses Stammhirn herum ein anderer Typ von Gehirn geformt, das rationale Gehirn, der Cortex oder Neocortex (lat. Cortex, Rinde, griech. neos, neu). Der Cortex ermöglicht Sprache, kann sehr genau differenzieren, analysieren, komplexe Lösungen entwickeln und bildet die Grundlage unserer kognitiven Leistungen.

Als vertiefende Lektüre empfehlenswert sind die populärwissenschaftlichen, aber sehr profunden Bücher *Die Neue Medizin der Emotionen* des Mediziners und Psychiaters David Servan-Schreiber, *Meditation für Skeptiker* und *Yoga für Skeptiker* von Ulrich Ott sowie *Inkognito, Die geheimen Eigenleben unseres Gehirns* von David Eagleman, beide Neurowissenschaftler.

Neuere Medizin und Psychologie führen Emotionen gänzlich auf körperliche Aktivitäten zurück:

Aus diesem Blickwinkel sind Emotionen nichts anderes als das bewusste Erleben eines großen Zusammenspiels physiologischer Reaktionen, die die Aktivität der biologischen Systeme des Körpers überwachen und ständig den Notwendigkeiten der inneren und äußeren Umgebung anpassen.
(Servan-Schreiber, 2006: 36)

Freuds Vorahnung wird so wie folgt bestätigt:

Probleme, die das Gefühlsleben betreffen, sind die Folge von Funktionsstörungen des emotionalen Gehirns, von denen viele ihren Ursprung in

schmerzlichen Erlebnissen der Vergangenheit haben.
(Servan-Schreiber, 2006: 19,20)

Langzeituntersuchungen haben gezeigt, dass für einen beruflichen oder privaten Erfolg in der Lebensführung weniger der Umgang mit dem Cortex, also unserer rationalen Intelligenz, ausschlaggebend ist, sondern vielmehr der Umgang mit dem limbischen Gehirn, also unserer emotionalen Intelligenz, die

- *Fähigkeit, den eigenen Gefühlszustand und den, anderer Menschen zu erkennen*

- *Fähigkeit, den natürlichen Ablauf von Gefühlen zu verstehen*

- *Fähigkeit, die eigenen Gefühle und die, anderer Menschen richtig zu deuten und beurteilen*

- *Fähigkeit, mit den eigenen Gefühlen und denen anderer Menschen angemessen umzugehen.*

(Servan-Schreiber, 2006: 27)

Auf einer Liste mit den zehn Qualifikationen für die Arbeit der Zukunft erscheint für das Jahr 2020 das erste Mal und auf Platz 6: *Emotionale Intelligenz.* (Leichsenring, 2016)

Das limbische Gehirn bildet längs der gesamten Wirbelsäule das limbische System aus, Nervenstränge, welche in verschiedenen Bereichen sich zu regelrechten kleinen Netzwerken formen.

Einige Neuentdeckungen in diesem Bereich:

> *... dass Darm und Herz eigene Netzwerke von zigtausend Neuronen besitzen, so etwas wie „kleine Gehirne" im Körper darstellen. Diese lokalen Gehirne können selber Dinge wahrnehmen, ihre Wirkungsweise in Abhängigkeit davon modifizieren und sich entsprechend ihren Erfahrungen sogar verändern, das heißt, in gewisser Weise eigene Erinnerungen ausformen.*
> (Servan-Schreiber, 2006: 52)

Das erklärt, warum wir Emotionen an unterschiedlichen Stellen im Körper lokalisieren:

> *Gefühle spüren wir im Körper, nicht im Kopf*
> (Servan-Schreiber, 2006: 51)

und, wie der Volksmund schon lange bekundet: *Er macht sich in die Hose* oder *Ihm wurde das Herz gebrochen.*

Netzwerke von Nerven bezeichnet man auch als Nervengeflechte oder Plexen (lat. plexus, Geflecht). Im menschlichen Körper gibt es zahlreiche kleinere und größere Plexen, seitens der Namensgebung dürfte der Solar Plexus, das Sonnengeflecht, am bekanntesten sein.

Auch bei nur wenig Übung in Selbstbeobachtung lassen Redewendungen wie *einen Kloß im Hals haben* oder *es bleibt einem die Luft weg* oder *er denkt nur mit seinem Geschlechtsteil* auf weitere Zusammenhänge zwischen Emotionen und Körperarealen schließen. Sollte künftige Forschung noch mehr Nervengeflechte mit Funktionsweisen ähnlich wie Herz- und Darmplexus entdecken, wäre das somit nicht verwunderlich.

Wenn die alten Rishis (Rishi, Sanskrit: Seher, Weiser, also Yoga-*Wissenschaftler*) überwiegend mit Introspektion gearbeitet haben, dürften ihnen diese Zusammenhänge nicht verborgen geblieben sein. Und tatsächlich: Im Bereich der großen Plexen finden wir die Hauptchakren der Yogalehre.

Im Rückblick hatten wir auf dem Weg zu Aufbau und Funktion der Psyche zunächst erwartet, als Gehirn nur den Cortex anzutreffen, wir fanden jedoch noch das emotionale Gehirn und mussten weiterhin erfahren, dass offensichtlich sogar der Körper selbst Teil psychischer Aktivitäten ist. Es wäre wohl übertrieben zu sagen *Wir denken mit dem gesamten Körper*, aber wie der Ausdruck

Weisheit des Körpers andeutet, nimmt die Physis sehr aktiv am psychischen Leben teil.

Im Krankheitsfall beispielsweise informiert der Körper über das limbische System das emotionale Gehirn, das seinerseits auf den Cortex einwirkt: Wir fühlen uns unwohl und unser Verstand widmet sich bevorzugt der Thematik Krankheit. Das beeinflusst wiederum unsere Gefühle, welche nun rückwirkend auf die körperlichen Vorgänge einwirken. Fassen wir emotionales und rationales Gehirn einfach zu *Geist* zusammen, erinnert das an den oft zitierten Ausspruch *Mens sana in corpore sano*, in einem gesunden Körper ein gesunder Geist.

Korrekterweise sei angemerkt, auch wenn in dieser Form allgemein bekannt, das Zitat ist so nicht richtig wiedergegeben, weil aus dem Zusammenhang gerissen. Das Original lautet: *Orandum est ut sit mens sana in corpore sano* (Juvenal, Satiren X,356), man sollte beten oder es wäre zu wünschen, dass in einem gesunden Körper ein gesunder Geist stecke.

Was wir bei unserem Abriss der Psyche aus heutiger Sicht noch nicht beachtet haben, weil sich der Methode des wissenschaftlichen Zugriffs weitgehend entziehend, sind Bewusstsein und Wille. Beide gehören wohl untrennbar zusammen, denn ein bewusstes Sein wird schnell langweilig und sinnlos, wenn es nicht willentlich in das bewusst Erlebende eingreifen kann, wenn es nicht *mitspielen* kann. Umgekehrt kann man schlecht von Wollen sprechen, wenn wir nicht bei Bewusstsein sind, wenn wir nicht *DA* sind. Wir ordnen darum beide, bewusstes Sein und bewusstes Wollen, dem Bewusstsein zu.

Unerheblich bleibt dabei, ob das Bewusstsein nun von immaterieller Natur ist oder, wie die Medizin ohne Nachweis postuliert, vom Gehirn erzeugt wird.

Auch die Frage, ob es tatsächlich eine eigenständige Dimension einer feinstofflichen Lebensenergie unabhängig von den materiellen Strukturen des physischen Körpers gibt oder ob all diese Phänomene allein auf eine veränderte Funktionsweise des Gehirns, auf spezifische neuronale Aktivitäten, zurückzuführen sind, bleibt nach wie vor offen. Der Realitätsstatus der postulierten subtilen Energien ist aus einer wissenschaftlichen Perspektive nach wie vor umstritten.

Während viele Zeitgenossen derartige Betrachtungsweisen als längst überholte Relikte aus einer vorwissenschaftlichen Vergangenheit ansehen, sind andere der Ansicht, dass Konzepte

einer alles durchdringenden Lebenskraft noch
längst nicht vom Tisch sind, und wieder andere
ersetzen das Konzept der Lebensenergie
zunehmend durch quantentheoretisch begründete
Prozesse der Informationsübertragung.
(Ott, 2013: 242)

Allerdings gibt es – das soll auch nicht
verschwiegen werden – einen wachsenden
Widerstand auch innerhalb der
Neurowissenschaftler gegen die Meinung, jeder
mentale Inhalt sei „zwingend an ein
funktionierendes Gehirn" gebunden. Man muss
sich hüten hier in eine „Neuro-Mythologie" zu
verfallen ...
(Ott, 2013: 225)

Nehmen wir daher bei allem gebotenen Respekt abschließend zur Kenntnis: Unsere Wissenschaft hat zu Bewusstsein bisher noch kein befriedigendes Wissen geschaffen. Wenn wir ersatzweise einfach akzeptieren, was dazu erfahrbar ist, wenn auch introspektiv und in der Regel ohne theoretischen Hintergrund, ist auch das eine zwar andersartige, aber immerhin ebenfalls Wissen schaffende Vorgehensweise.

Teil 3: Homo Sapiens, ein komplexes System aus vier vernetzten Ebenen

Wir beabsichtigen, neuzeitliches Wissen über die menschliche Psyche abzugleichen mit den Erkenntnissen einer antiken *Wissenschaft* oder vielmehr Weisheitslehre. Diese hatte vorrangig die Methode der Introspektion bevorzugt beziehungsweise mangels technischer Gerätschaften sich damit begnügen müssen. Es wäre darum empfehlenswert, uns nicht in neuzeitlichen, anatomischen Details zu verlieren, sondern das Augenmerk überwiegend darauf zu richten, wie die einzelnen Organe sich durch ihre Aktivitäten bemerkbar machen, wie sie sich so dem Blick nach innen öffnen und daraus ableitbare Gesetzmäßigkeiten offenbaren. Unsere Einsichten des letzten Kapitels lassen sich unter dieser Prämisse vier Bereichen oder Ebenen zuordnen:

- einer körperlichen Ebene,

- einer emotionalen, gefühlsmäßigen Ebene

- einer rationalen, mentalen Ebene

- der Ebene des Bewusstseins, also des bewussten Seins und bewussten Wollens

Diese vier Ebenen interagieren intensiv miteinander, weshalb eine allzu präzise gegenseitige Abgrenzung sich für unsere Belange als nicht erforderlich erweist. Es sollte uns daher auch nicht verwundern, wenn andere, ebenfalls mit Introspektion arbeitende Lehren, einschließlich der Psychoanalyse, zu analogen Einteilungen gelangt sind und diese zusätzlich, wie etwa der Yoga, noch weiter unterteilt haben.

Alle diese Ebenen oder Bereiche sind miteinander vernetzt und interagieren, das bedeutet, sie *beobachten* sich und sie *beeinflussen* sich, manchmal zu einem Miteinander, manchmal zu einem Gegeneinander. Wie werden sich diese Aktivitäten dem Blick nach innen zu erkennen geben, welche Eindrücke werden sie beim Beobachter, bei uns, erwecken?

Beispielsweise beeinflussen Gedanken unsere Gefühlswelt: Wie spüren das, wenn wir nach Feierabend gedanklich noch Probleme wälzen und uns gleichzeitig wundern, wieso die Stimmung sich einfach nicht bessern will und eine innere Unruhe oder gar Verzweiflung immer stärker wird. Umgekehrt beeinflussen unsere Gefühle unsere Gedanken: Gerät die emotionale Ebene beim Anblick einer verführerischen Dame in Verzückung, entwickelt der mentale Bereich sofort denkbare Konzepte, wie diese Begegnung möglicherweise weiter vertieft werden könnte, hingegen im Falle eines Geistlichen eher Vorschläge, mit welchen Exerzitien Schlimmeres zu verhüten wäre.

Der rationale Bereich legt den Schwerpunkt auf Unterschiede, auf Abgrenzungen, er analysiert und differenziert, seine Sichtweise ist scharf und detailliert, thematisch und zeitlich eingrenzend, seine Auswertung einer Situation erfordert Zeit und endet gelegentlich in komplexen Lösungen, die dann wiederum einer guten Planung bedürfen.

Seine Resultate bietet er relativ zwanglos dem Bewusstsein an, es braucht schon die Mitarbeit der bewussten Willenskraft, um rationale Einsichten dann auch wirklich in die Tat umzusetzen. Das kennt jeder Patient, der durch ein Gespräch mit seinem Arzt einsieht, dass der Verzicht auf Nikotin, Alkohol und fette Speisen gesundheitliche Vorteile mit sich bringen würde. Manchmal gelingt es, sich emotionaler Unterstützung zu versichern, etwa wurden bei gleichzeitigem Wunsch auf ein ansprechenderes Äußeres durchaus schon kleine Wunder vollbracht.

Der emotionale Bereich legt den Schwerpunkt auf Übereinstimmungen, auf Gemeinsamkeiten, er verallgemeinert und integriert, seine Sichtweise ist unscharf und verschwommen, thematisch und zeitlich weitschweifendend, er ist bildhaften oder symbolischen, nicht aber rationalen oder sprachlichen Argumenten zugänglich. Seine

Auswertung einer Situation erfolgt blitzschnell und mündet in einfachen Lösungen zur augenblicklichen Umsetzung, diese Eigenschaften betonend spricht man auch gerne vom *Inneren Kind*.

Seine Resultate bietet er nicht an, er fordert sie vielmehr ein und setzt das gesamte System regelrecht unter Zugzwang. Erinnern wir uns nur an einen Moment großer Wut, intensiver Trauer oder starker sexueller Begierde, immer ist dann die Aufbietung aller Willenskraft erforderlich, um diesem emotionalen Drängen gegebenenfalls Einhalt zu gebieten.

Der emotionale Bereich kann seinen Einfluss auch dergestalt vergrößern, dass er in Notsituationen den rationalen Bereich teilweise oder vollständig deaktiviert:

... verfügt das emotionale Gehirn über die Fähigkeit, den präfrontalen Kortex, den am höchsten entwickelten Bereich des kognitiven Gehirns, auszuschalten ...
(Servan-Schreiber, 2006: 41)

... mein Gehirn war wie leer, ich konnte nicht mehr denken ...
(Servan-Schreiber, 2006: 42)

Die Entwicklungsgeschichte des Homo Sapiens begann mit dem limbischen System, der Neocortex formte sich erst, nachdem bereits ein elementares Überleben gewährleistet war. In Situationen, welche aus Sicht der emotionalen Ebene die Existenz bedrohen, physisch oder psychisch, übernimmt das limbische System erneut die uneingeschränkte Herrschaft, um ein Überleben zu gewährleisten. Das zeitaufwendige Überdenken des Geschehens kann dann im Anschluss, wenn *Leib und Seele* gerettet sind, noch immer erfolgen. Beispielsweise nähere sich ein Schatten von hinten, automatisch und ohne willentliches Zutun springen wir beiseite, verderben einem guten Bekannten den Überraschungseffekt und ernten vermutlich das schallende Gelächter der Umstehenden. Ärgerlich, es hätte aber auch ein Säbelzahntiger sein können, ein umstürzender Baum oder ein selbstfahrendes Auto.

Sogar die Justiz schenkt diesem Phänomen Beachtung: Ein Mensch, dem die bewusste Kontrolle entzogen wurde und der im Affekt gehandelt hat, kann nicht für ein Tun verantwortlich gemacht werden, welches ER nicht begangen hat. 2009 wurde der Brite Brian Thomas freigesprochen, obschon er beim Schlafwandeln seine Ehefrau umgebracht hatte. Staatsanwalt und Richter akzeptierten das psychiatrische Gutachten und gestanden ihm zu, nicht für eine Tat verantwortlich zu sein, bei welcher er nachweislich nicht bei Bewusstsein war. (Steinhoff, 2009)

Traumatische Erlebnisse sind oft nur von kurzer Dauer, dennoch behält der emotionale Bereich sie wohlweislich in Erinnerung, um sofort wieder die Kontrolle zu übernehmen und Gegenmaßnahmen einzuleiten, wenn eine künftige Situation auch nur annähernd dem vergangenen, traumatischen Erlebnis entsprechen sollte.

Bilder, Gedanken. Geräusche, Gerüche, Gefühle, körperliche Empfindungen und Überzeugungen, die man von sich selbst gewonnen hat (Ich kann nichts tun, er wird mich fallen lassen), sind dann in einem neuronalen Netz gespeichert, das ein Eigenleben führt. Verankert im emotionalen Gehirn und von allen rationalen Einsichten abgeschnitten, wird dieses Netz zu einem unverarbeiteten, dysfunktionalen Informationspaket, das von der kleinsten Erinnerung an das ursprüngliche Trauma reaktiviert wird.
(Servan-Schreiber, 2006: 104)

Das ist die biologische Erklärung der Psychose, ein normalerweise intelligenter und sich angemessen verhaltender Mensch legt urplötzlich ein für Außenstehende befremdliches Benehmen an den Tag. Und wie Freud erläutert und praktiziert hat, kann durch eine geeignete Therapie die Störung wieder in Ordnung gebracht werden:

Wird die Erinnerung von ihrer dysfunktionalen limbischen Last befreit, büßt sie ihre Macht ein und kann keinerlei Einfluss mehr ausüben.
(Servan-Schreiber, 2006: 112)

Traumatische Situationen kommen im normalen Alltag glücklicherweise eher selten vor, dennoch unterliegen wir immer einem emotionalen Einfluss. Das Gegenteil von Lebensgefahr oder Trauma ist Lebensfreude oder Ekstase, und zwischen diesen beiden Polen finden sich viele Abstufungen, wie bereits eingangs erläutert:

Es ist auch dafür verantwortlich, wenn das Gespräch zweier Männer auf der Terrasse eines Cafés plötzlich stockt, weil ein verführerischer Minirock durch ihr Gesichtsfeld tänzelt.
(Servan-Schreiber, 2006: 41)

Grundlegend sind wir also in jedem Moment emotionalen Impulsen ausgesetzt, und da diese im Unterschied zu den rationalen Botschaften keineswegs kräftefrei sind, wird der emotionale Einfluss überwiegen:

Das Ideal einer rationalen Entscheidungsfindung ... dürfte in der realen Welt eher die Ausnahme als die Regel sein. ... Die meisten und gerade auch

sehr wichtigen Entscheidungen werden daher ...
aus dem Bauch heraus getroffen.
(Ott, 2015: 66)

Sogar die Zusammenarbeit von mentalem Bereich und Körper erfolgt überwiegend auf dem Umweg oder durch die Vermittlung des emotionalen Bereiches. Das kann so erfolgen, dass Befindlichkeiten und Bedürfnisse des Körpers sich in Emotionen äußern, welche nun ihrerseits zu mentalen Aktivitäten anregen. Umgekehrt können Gedanken und bevorzugt Gedankenbilder den emotionalen Bereich beeinflussen und nun auf indirektem Weg auf den Körper einwirken, etwa sowohl zur Unterstützung von Heilprozessen, als aber auch zur Begünstigung von Krankheiten.

Das Zusammenspiel dieser drei Ebenen wird noch komplexer durch die Ausbildung sogenannter innerer Anteile. Hierzu ein kleiner Exkurs in die Computertechnik, deren Sprachelemente populärwissenschaftliche Medizin und Psychologie gerne benutzen, hoffend, Zusammenhänge damit greifbarer darstellen oder besser verdeutlichen zu können.

Im letzten Quartal des letzten Jahrhunderts konnten infolge immer größerer Speicherkapazitäten auch immer größere Programme entwickelt werden. War es anfänglich notwendig, möglichst Programme mit möglichst *wenig Speicherbedarf* zu schreiben, wurde es zunehmend erforderlich, immer größere und leistungsfähigere Programme mit möglichst *wenig Arbeitsaufwand* zu entwickeln.

Die Zeit der Module oder des objektorientierten Programmierens begann, man wollte nicht bei jedem größeren Programm *das Rad neu erfinden.* Man wollte immer wiederkehrende einzelne Programmabschnitte nicht jedes Mal selbst neu erstellen. Zunehmend wurden daher *Bausteine* zur Verfügung gestellt, fertige und funktionstüchtige kleine Programm-Einheiten, Module oder Objekte genannt, die hinsichtlich ihrer Eigenschaften, Funktionen, Dateneingabe und Datenausgabe klar definiert waren und bei Bedarf beliebig modifiziert oder erweitert werden konnten, wobei jetzt die *Neuen* ihre Qualifikationen natürlich von den *Alten* übernahmen, gewissermaßen *erbten.*

Der Vergleich zwischen Mensch und Maschine war naheliegend, 1986 entwickelte Marvin Minsky in dem Buch *Mentopolis* seine Society-of-Mind-Theorie, wonach komplexe kognitive Systeme entstehen durch das Zusammenwirken vieler kleiner und relativ selbständiger Untereinheiten, *Agents* genannt, eine mögliche Bauanleitung für Künstliche Intelligenz.

Auch der Mensch muss tagtäglich kleinere, unterschiedliche Rollen erfüllen, also unterschiedliche *Module* bedienen, was mal mehr, mal weniger gut gelingt. Ein erfolgreicher Manager ist nicht unbedingt auch ein erfolgreicher Familienvater, das bekannte Sprichwort besagt: *Lehrers Kinder und Pfarrers Vieh, gelingen selten oder nie.* Oder unsere Wertesysteme, wir wechseln Einstellungen und Verhaltensmuster abhängig vom Thema, abhängig von der Umgebung und abhängig davon, ob wir uns in Partnerschaft, Familie, Freundeskreis oder im Kollegenkreis befinden. Die Anrede *alter Sack* bewirkt beim besten Freund vielleicht ein Gefühl der Vertrautheit, beim Vorgesetzten ziemlich sicher die fristlose Kündigung.

So haben wir uns im Laufe des Lebens ein ganzes Sortiment mehr oder weniger ausgeklügelter und jederzeit abrufbarer Bewertungen, Einstellungen und Verhaltensmuster angeeignet, man bezeichnet sie als Programme, Agents oder eben als innere Anteile.

Diese inneren Anteile mögen zwar den Eindruck einer gewissen Eigenständigkeit erwecken, dürfen aber keinesfalls als Erweiterung unserer anfänglichen Zuordnung in vier Bereiche missverstanden werden. Die inneren Anteile sind immer nur Abkömmlinge von körperlicher, rationaler und emotionaler Ebene, deren jeweiliger

Beitrag abhängig von der Entstehungsgeschichte mal größer oder mal kleiner sein kann. Und natürlich haben sie dadurch die *Gene ihrer drei Eltern geerbt* und behorchen somit auch deren Gesetzmäßigkeiten.

Auf Körper, Gefühle und Gedanken zurückblickend lässt sich so vereinfachend zusammenfassen: Der emotionale Bereich ist primär für das Überleben und Wohlergehen des Körpers zuständig und verfügt dazu über uralte, erprobte Verhaltensmuster. Bietet ein Geschehen ausreichend Zeit oder erweisen sich die emotionalen Reaktionen im Ergebnis letztendlich als unbefriedigend, kann der mentale Bereich die Situation nun genau analysieren und sich um optimalere Lösungen bemühen.

Die Ebene des Bewusstseins und des Körpers beeinflussen sich in der Form, dass der Körper willentliche Befehle ausführt, sofern das willkürliche oder somatische Nervensystem die dafür entsprechenden Verbindungen zur Muskulatur bereitstellt. Im Gegensatz dazu kontrolliert das autonome oder vegetative Nervensystem unwillkürliche, also willentlich nicht direkt steuerbare Vorgänge, etwa die Regulierung des Blutdruckes oder die Pulsfrequenz. Willentlich erzeugte Gedanken und Gedankenbilder können jedoch bei entsprechender Intensität und Zeitdauer den emotionalen Bereich beeinflussen und so indirekt vom autonomen Nervensystem Gebrauch machen.

Pränatale und perinatale Psychologie gehen mittlerweile davon aus, dass bereits vor der Geburt der Fötus erste Sinneseindrücke bewusst erlebt. Spätestens im Säuglingsalter verspürt er sowohl die quälenden Signale seines Körpers bei Hunger und Schmerz als auch die lustvollen Gefühle bei Geborgenheit und Zufriedenheit.

Sich kontinuierlich im Zentrum solch intensiver Empfindungen befindend, liegt es zugegebenermaßen nahe, sich auch mit dem Quell dieser Wahrnehmungen, dem Körper, zu identifizieren. Wir behalten diese Angewohnheit auch in späteren Jahren bei, entsprechend sagen wir nicht der Körper schmerze, habe Hunger oder fühle sich wohl, wir sagen ICH hungere, ICH leide oder ICH genieße.

Fragen wie *Wo bin ich, wenn ich schlafe?* oder *Wo gehe ich hin, wenn ich träume?* könnten schon früh zu präziseren Beobachtungen, Beschreibungen sowie Schlussfolgerungen anleiten, normalerweise aber halten wir für den Rest des Lebens an der in früher Kindheit gewonnenen Sichtweise fest. Wir haben dann keinen Körper, wir glauben wir SIND der Körper. Sehr empfehlenswert ist in diesem

Zusammenhang das Buch *Ich bin Bewusstsein* von W. A. McCarty, Familientherapeutin und Professorin für Prä- und Perinatale Psychologie.

Entsprechend verfahren wir mit Gefühlen, wir sagen nicht, der emotionale Bereich sende Impulse des Zorns aus, wir sagen ICH bin wütend. Wir glauben, wir müssten Gefühle rein passiv erdulden und erkennen dabei nicht, wie oft wir sie aktiv durch teils willentliche Gedanken und Gedankenbilder vom solchermaßen beeinflussten emotionalen Bereich erzeugen lassen.

Und Gedanken? Wir sagen zwar, Gedanken zu HABEN, sind aber zutiefst davon überzeugt, diese als Bewusstsein selbst zu erschaffen und erachten sie daher auch als Teil von uns selbst

Auch hier könnte sorgfältigeres Beobachten im Alltag sich als aufschlussreich erweisen: Wollen wir ein Problem lösen, beauftragt unser Wille den mentalen Bereich, nach Lösungen zu suchen. Erst später, meist haben wir dann das Problem schon längst wieder vergessen, gelegentlich nach langer Zeit und manchmal auch beim Erwachen, taucht urplötzlich die ersehnte Antwort auf. Sie wird jetzt von uns, dem Bewusstsein, als vermeintlich eigene Leistung betrachtet: ICH habe mir überlegt ...

Der Buddhismus lehrt sinngemäß: *Wenn es denkt, ist es nicht mehr Du.* Es hat in der abendländischen

Psychologie lange gedauert, bis ein Blick über den Rand bewusster Wahrnehmung hinaus erfolgte. Erst Anfang des zwanzigsten Jahrhunderts hatte Sigmund Freud, auf der Suche nach den bis dato unbekannten Ursachen der Psychose, entdeckt, dass es neben bewussten psychischen Aktivitäten noch unbewusste gibt, und dass diese sogar den wesentlich größeren Anteil ausmachen.

Wenn aber Bewusstsein und bewusster Wille im Rückblick doch eher eine untergeordnete Rolle spielen, könnte man dann nicht gänzlich auf sie verzichten?

David Eagleman sieht das im Vergleich mit einem großen Konzern so: Wenn zahlreiche selbständige Abteilungen agieren, kann und wird es zu widersprüchlichen Sichtweisen oder Lösungsansätzen kommen, schlimmstenfalls zu einem Gleichgewicht der Kräfte und damit zur Handlungsunfähigkeit. Jetzt wird das Problem zur *Chefsache*: Eine übergeordnete Instanz *erwacht*, sichtet nochmals alle Argumente und trifft sodann eine Entscheidung. Im Anschluss kann der *Chef* sich wieder zurückziehen und dem Golfspiel widmen, oder aber, wenn seine Entscheidung schlecht oder gar falsch war, den Kopf hinhalten. (Eagleman, 2012: 165)

Andere Denkansätze argumentieren über das Phänomen des Erlernens oder *Automatisierens*: Immer wiederkehrende Abläufe werden automatisiert und können ohne bewusste Kontrolle geschehen, das Bewusstsein kann sich mehr und mehr zurücknehmen. Gewissermaßen verliert es *das Interesse* und wendet sich neuen, interessanteren Tätigkeiten zu, während die routinemäßige Kontrolle automatisch erfolgt.

Wir können dies Phänomen erleben, wenn eine zunächst noch ungewohnte Tätigkeit unsere gesamte Aufmerksamkeit fordert, nach und nach jedoch immer mehr von alleine abläuft und wir uns zunehmend für andere Dinge interessieren. Manch einer soll schon bei eintöniger Arbeit eingeschlafen sein. Wir können uns aber auch dafür entscheiden, ganz im Hier und Jetzt zu bleiben, das heißt, auch den hundertsten Durchgang so zu erleben wie beim allerersten Mal. Manchmal erfordert das die Höflichkeit, manchmal die Vorsicht, wenn wir es wirklich wollen, ist es aber möglich.

Unser Ausgangspunkt war: *Der Meditierende will offensichtlich etwas in sich entdecken, erkunden und verändern ...* Was genau könnte damit gemeint sein? Unsere Überlegung und Hoffnung dazu war: Sollte neuzeitliche Medizin und Psychologie zu entsprechenden Einsichten führen, müsste durch

Vergleich die Botschaft der alten Schriften doch zu entschlüsseln sein.

Und tatsächlich, unsere Nachforschungen haben einiges an Änderungsbedarf erkennen lassen. Emotionale Impulse sind kraftvoll, sie drängen, sie üben Zwang aus. Rationale Impulse sind relativ kraftlos und ohne Unterstützung durch bewusste Willensenergie der emotionalen Willkür ausgeliefert. Wenn nun auch noch der *übergeordnete Chef* seinen Einsatz verschläft oder sich von starken Gefühlen beeinflussen lässt, könnte es doch leicht passieren, dass Bewertungs- und Lösungsstrategien die Oberhand gewinnen, welche noch aus der *Zeit vor dem Neocortex* stammen. Wir fielen in vorzeitliche und längst überholte Bewertungs- und Verhaltensmuster zurück, trotz hoher Intelligenz und bester Ausbildung.

Das ist der Januskopf des Menschen: Das Wesen, das allein imstande ist, sich begeistert dem Dienste des Höchsten zu weihen, bedarf dazu einer verhaltensphysiologischen Organisation, deren tierische Eigenschaften die Gefahr bringen, dass es seine Brüder totschlägt, und zwar in der Überzeugung, dies im Dienste eben dieses Höchsten tun zu müssen. Ecce homo!
(Lorenz, 1974: 145)

Weit davon entfernt, im Menschen das unwiderruflich unübertreffliche Ebenbild Gottes zu sehen, behaupte ich bescheidener und, wie ich glaube, in größerer Ehrfurcht vor der Schöpfung und ihren unerschöpflichen Möglichkeiten: Das langgesuchte Zwischenglied zwischen dem Tier und dem wahrhaft humanen Menschen – sind wir!
(Lorenz, 1974: 216)

Anmerkung: Konrad Lorenz nahm hier Bezug auf die Bibel, Mose 1,27: *Und Gott schuf den Menschen nach seinem Bilde - nach dem Bilde Gottes schuf er ihn ...*

Eigentlich könnten wir schon jetzt einen Abgleich mit den alten Weisheitslehren wagen, es wird sich aber als sehr hilfreich erweisen, den bisherigen Weg noch ein Stückchen weiter zu verfolgen.

Wie könnte eine verbesserte *Neuauflage* aussehen, was müsste am Menschen nachgebessert werden, damit er den Schritt zum wahrhaft humanen Menschen gehen, die Ebenbildlichkeit Gottes erreichen kann?

Teil 4: Die Evolution wird's schon richten?

Das lang gesuchtes Zwischenglied, wenn unsere Entwicklung seitens der Evolution noch nicht abgeschlossen ist, in welche Richtung sollte sie dann weiter voranschreiten? Könnten wir, dank unserer mittlerweile großen wissenschaftlichen Fortschritte, vielleicht sogar selbst einen Beitrag dazu leisten? Möglicherweise auf operativer Ebene, auf chemisch-medikamentöser Ebene, vielleicht durch Gen-Technik oder kybernetische Implantate? Schauen wir uns doch die verschiedenen Ebenen einmal hinsichtlich denkbarer Weiterentwicklungen an.

Unsere bisherigen Ermittlungen haben ergeben, wir sind nicht oder zumindest nicht immer Herr im eigenen Hause, die emotionale Ebene setzt ihre Einschätzung einer Situation sowie ihre Vorstellung einer geeigneten Reaktion mit teils brachialer Gewalt durch. Ist aber das limbische System nicht ein längst überflüssiges, urzeitliches Relikt, ähnlich einer übermäßigen Körperbehaarung, ähnlich dem Appendix? Könnte es nicht operativ entfernt oder zumindest medikamentös deaktiviert werden?

Nun, der emotionale Bereich ist für Überleben und Wohlergehen des Körpers zuständig, von einer operativen Entfernung ist daher dringend abzuraten. Könnte dann aber nicht wenigstens eine medikamentöse Behandlung Abhilfe schaffen? Erfahrungen mit Patienten, deren emotionale Energien zeitweise durch Psychopharmaka gedämpft werden mussten, offenbarten: Ohne Emotionen ist das Leben vielleicht einfacher, macht aber auch weniger Spaß! Leben bedeutet nicht nur zuschauen, leben bedeutet auch mitspielen, mitgestalten, handeln, verändern. Die Reduktion von Energie und Tatkraft wäre daher keine lebensbejahende Maßnahme.

Sogar Mahatma Gandhi, bekanntlich ein sehr friedliebender Mensch, wusste gar wohl die Kraft der Emotion Wut zu schätzen,

> *Wut ist für einen Menschen wie Benzin für ein Auto – sie treibt einen an, damit man weiterkommt, an einen besseren Ort. Ohne sie hätte man keinerlei Motivation, sich einem Problem zu stellen. ... Es ist mit der Wut wie mit der Elektrizität: Wir müssen lernen, sie weise und zum Wohl der Menschheit einzusetzen.*
> (Gandhi, 2017: 20-23)

Und die Idee, den emotionalen Bereich hinsichtlich seins Alters als urzeitliches Relikt, als störendes Überbleibsel zu sehen? Seine Entwicklung begann vor weit mehr als einer Million Jahre, welches Wissen und welche Erfahrungen aus jener längst vergangenen Zeit könnten denn heute noch Gültigkeit haben? Nun, es gibt in unseren Städten zwar weniger oder gar keine gefährlichen Raubtiere mehr, dafür aber zunehmend Autos, Motorräder, Fahrräder, elektrische Steckdosen, heiße Herdplatten, zufallende Fenster und Türen, Messer, Gabeln und unzählige nützliche, bei ungeschicktem Gebrauch jedoch höchst gefährliche Gegenstände. Wir, beziehungsweise unsere Körper, benötigen dringend auch weiterhin leistungsfähige Notfallprogramme!

Und außerdem, wer regelt rund um die Uhr ganz unauffällig und vollautomatisch Blutdruck, Puls, Verdauung, Regeneration, Immunabwehr und vieles mehr? Solche in der Regel unbewusste weil automatisch ablaufende, dennoch unbedingt notwendige Hintergrundaktivitäten ordnet man bei Computern deren Betriebssystem zu. Wenn wir den erneuten Vergleich mit einer solchen Rechenmaschine nicht scheuen, ist das limbische System offensichtlich weit mehr als nur ein lästiges Relikt der Urzeit, wir sollten es besser als das bewährte und erprobte *Betriebssystem* unseres menschlichen Körpers würdigen.

Modifikationen des limbischen Gehirns/Systems erscheinen somit nicht ratsam, es wären voreilige Veränderungen an einem *Betriebssystem*, das mehr als eine Million Jahre erfolgreicher Erprobung hinter sich hat.

Sollte man stattdessen dem rationalen Gehirn mehr Durchsetzungskraft verleihen, damit es sich gegenüber den emotionalen Kräften besser behaupten könnte? In der Folge würden dann die Resultate unserer mentalen Prozesse dem Bewusstsein nicht länger *ruhig und höflich* angeboten werden, sie würden sich vielmehr wie Emotionen *lautstark und fordernd* bemerkbar machen. Während die emotionale Ebene aber wenigstens über Strategien verfügt, welche in einer langen Entwicklungsgeschichte ausreifen und sich erproben konnten, hätten wir es nun mit sich gewalthaft durchsetzenden mentalen Bewertungs- und Lösungsmöglichkeiten zu tun, deren nachhaltige Tauglichkeit und Freiheit von Nebenwirkungen noch völlig unerprobt ist.

Das menschliche Gehirn ist nicht nur hinsichtlich seiner *Software,* sondern auch bezüglich seiner *Hardware* zeitlebens veränderbar. Spätestens seit dem Neurowissenschaftler Erik Kandel wissen wir, dass geistige Aktivitäten zu einer Veränderung der neuronalen Vernetzung des Gehirns führen können. Das bedeutet, die neuronale Vernetzung wird grundlegend für jedes Leben neu und kontinuierlich definiert, sie kann somit nicht oder nur minimal von der langen Entwicklungsgeschichte unserer emotionalen und körperlichen Ebenen profitieren.

Die Überlegung, den mentalen Bereich mit einem Mehr an *Durchschlagskraft* zu versehen würde bedeuten, einen *bescheiden und behutsam agierenden Ratgeber* durch einen *vorlauten Berufsanfänger ohne Lebenserfahrung* zu ersetzen, auch keine gute Idee.

Es verbleibt uns noch eine letzte Möglichkeit: Die Ebene des Bewusstseins so zu modifizieren, dass diese *übergeordnete Instanz* öfters oder gar kontinuierlich *auf Posten* ist und dass zumindest sie über wesentlich mehr Durchsetzungskraft verfügt.

Hätten wir es dann aber nicht eher mit einem Haustyrannen als mit einem Hausherrn zu tun? Einem rücksichtslosen Despoten, der einen Großteil der psychischen Energien dazu verwenden würde, die Impulse des emotionalen Bereiches zu unterdrücken?

Es gibt Hinweise, dass dies in manchen Fällen schon jetzt erfolgt. Alexithymie, ein Konzept der psychosomatischen Krankheitslehre, bedeutet Gefühlsblindheit, die Unfähigkeit Gefühle wahrnehmen, zu beschreiben und angemessen darauf reagieren zu können. Die Möglichkeit genetischer Disposition ist noch unklar, gesichert gilt hingegen die Entstehung durch traumatische Erlebnisse oder langfristig ungünstige persönliche oder berufliche Verhältnisse. Eine Unterdrückung emotionaler Kräfte bewirkt jedoch immer eine Disbalance im Gesamtsystem, welche längerfristig zu physischen und/oder psychischen Störungen oder Krankheiten führt.

Weiterhin zeigen Berichte über Menschen, welche in schwierigen Situationen bewusst entschieden haben, sich für ihre Kinder, Partner, Kameraden, ihren Glauben oder gar für eine Sache zu opfern: Auch kurzfristig können wir genug Willenskraft freisetzen, um das limbische System vollständig zu übergehen.

Diese Beispiele offenbaren: Die bewusste Ebene kann sehr wohl ausreichend Willenskraft freisetzen, um den emotionalen Bereich zu dominieren. Und langfristig benötigen wir ferner keinen Haustyrannen, wir brauchen einen Hausverwalter und Mediator, der die Fähigkeit besitzt, Wünsche und Bedürfnisse aller für das Gesamtsystem arbeitenden Ebenen so zu organisieren, dass langfristig alle gewinnen und keine verliert. Und ein guter, weiser Herr des Hauses ist zugleich immer auch ein Diener des Hauses.

Bereits Sigmund Freud entwickelte das Konzept der Sublimierung: Antriebsenergie, aus unterschied-lichen Gründen nicht gemäß ihrer ursprünglichen

Bestimmung auslebbar, wird umgeleitet und für andere Ziele eingesetzt. In seiner Zeitepoche war unterdrückte Sexualität die wohl häufigste Ursache für psychische Störungen, er stieß bei seinen Therapien immer wieder auf die Libido, die Sexualenergie, welche er daher als elementarste Triebkraft ansah.

Aus psychoanalytischer Sicht müssten daher alle kulturellen Errungenschaften wie die Entstehung der menschlichen Kultur, einschließlich künstlerischer und wissenschaftlicher Tätigkeiten, ihre erforderliche Antriebsenergie aus sublimierter Sexualenergie beziehen. Dieses Konzept hatte Freud die Bezeichnung *Der Lustlümmel aus der Wiener Berggasse* eingebracht.

Nun ist der Besuch eines Opernballs vielleicht eine gute Vorbereitung, keinesfalls aber ein Ersatz für Geschlechtsverkehr. Eine solche Sublimierung wäre aus emotionaler Sicht letztlich doch eine missbräuchliche Verwendung der Libido und müsste langfristig in Funktionsstörungen wie Neurose oder Psychose enden. Carl Gustav Jung, Viktor Frankl und spätere Psychoanalytiker entdeckten neben der Libido weitere psychische Elementarkräfte, die Möglichkeiten einer erfolgreichen *Sublimierung* nahmen zu. Heute bevorzugen wir in diesem Zusammenhang eher den Ausdruck *Ziel hinter dem Ziel*. Durst beispielsweise muss nicht unbedingt mit Bier gestillt werden, notfalls kann auch ein Glas Wasser eine Dehydrierung des Körpers verhindern und so dem grundlegenden Ziel entsprechen. Oder, um auf das vorhergehende Beispiel zurückzukommen: Notfalls kann man sogar mit der *eigenen* Ehefrau in die Oper gehen -☺

Auch die Ebene des Bewusstseins bedarf somit keiner Modifikation oder Weiterentwicklung, sie kann sehr wohl ausreichend Durchsetzungskraft freisetzen, um sich bei Bedarf einem emotionalen Ansturm zu widersetzen. Wir hatten auf eine *Hardware-Lösung* gehofft, in der Art *Möge Mutter Natur oder der liebe Gott es für uns richten*, mit den Worten von Konrad Lorenz:

... Das volle und warme Gefühl von Liebe und Freundschaft können wir nur für Einzelmenschen empfinden, daran kann der beste und stärkste Wille nichts ändern.
Doch die großen Konstrukteure können es. Ich glaube, dass sie es tun werden, denn ich glaube an die Macht der menschlichen Vernunft, ich glaube an die Macht der Selektion und ich glaube, dass die Vernunft vernünftige Selektion treibt.

Ich glaube, dass unseren Nachkommen in einer nicht allzu fernen Zukunft die Fähigkeit verleihen

wird, jene größte und schönste Forderung wahren
Menschentums zu erfüllen.
(Lorenz, 1974: 216,256)

Bei allem gebührenden Respekt gegenüber Konrad Lorenz, es scheint jedoch nicht an der Hardware zu liegen, diese bietet doch längst die erwünschten Möglichkeiten. Und unter solchem Blickwinkel verbleibt auch wenig Hoffnung, dass die *großen Konstrukteure* uns noch *den letzten Schliff* verleihen werden.

Aber wer dann? Etwa wir selbst?

Unsere christliche Tradition belässt uns zeitlebens als *Geschöpfe* oder *Kinder Gottes* in einer passiven Rolle, auf einer Wirkungsebene. Lassen wir uns von der Kühnheit vedischer Schriften inspirieren, müssen wir erkennen, dass irgendwann einmal auch Kinder erwachsen und ebenbürtig werden, auf die Ursachenebene wechseln, selbst zu Eltern werden.

Wenn wir also vom *lang gesuchten Zwischenglied* zum *wahrhaft humanen Menschen* als *Ebenbildlichkeit Gottes* aufsteigen könnten, wenn wir grundlegend alle Möglichkeiten dazu haben, warum nutzen wir sie dann nicht?

Was haben wir übersehen?

Teil 5: Das große Geheimnis

Wenn der Hausherr kraftvoll zu schalten und zu walten vermag, wenn er über ein leistungsfähiges rationales Gehirn verfügt und damit ein hervorragender Verwalter sein könnte, wie kann er dann nicht Herr im Hause sein? Was haben wir übersehen?

Wäre es möglich, dass er irgendwie heimlich manipuliert wird? Könnte es sein, dass er, ohne es zu bemerken, seine Energien und seine Fähigkeiten für Ziele einsetzt, welche gar nicht seine eigenen sind? Dass er sich also nichtsahnend missbrauchen lässt? Undenkbar? Keineswegs, wir haben an früherer Stelle bereits darauf verwiesen:

Sich kontinuierlich im Zentrum solch intensiver Empfindungen befindend, liegt es zugegebenermaßen nahe, sich auch mit dem Quell dieser Wahrnehmungen, dem Körper, zu identifizieren. Wir behalten diese Angewohnheit auch in späteren Jahren bei, entsprechend sagen wir nicht der Körper schmerze, habe Hunger oder fühle sich wohl, wir sagen ICH hungere, ICH leide oder ICH genieße.

Heimtückisch und genial zugleich, wie eine Brille, auf der eigenen Nase sitzend, vergeblich gesucht und nie gefunden wird. Sie ist für einen selbst unsichtbar, obschon oder gerade weil man ununterbrochen hindurch schaut, aber niemals darauf. Der Hausherr würde dem übersehenen Teil des Puzzles, seinem Irrtum, tagtäglich neu begegnen, ohne ihn jemals zu bemerken.

Ion Kabat-Zinn, emeritierter Professor der University of Massachusetts und Begründer der Mindfulness Based Stress Reduction Achtsamkeitspraxis (MBSR) scheibt:

Allein schon die Entdeckung, dass wir unseren noch so überzeugenden Gedanken und Gefühlen nicht „glauben" und uns nicht mit ihnen identifizieren müssen, gibt uns den Raum für einen kompetenteren Umgang mit den Wechselfällen des Lebens ... Wichtiger Teil dieses Lernprozesses ist die wachsende Einsicht, dass wir ... nicht unsere Gedanken und Gefühle sind, dass wir ihnen weder folgen noch auf sie reagieren noch uns von ihnen tyrannisieren lassen müssen.
(2013:414 und 551)

Konrad Lorenz hatte den Finger durchaus direkt in die Wunde gelegt:

Das Wesen, das allein imstande ist, sich begeistert dem Dienste des Höchsten zu weihen, bedarf dazu einer verhaltensphysiologischen Organisation, deren tierische Eigenschaften die Gefahr

bringen, dass es seine Brüder totschlägt,
und zwar in der Überzeugung, dies im
Dienste eben dieses Höchsten tun zu
müssen.

Allein, er sah die Ursache in der *verhaltens-physiologischen Organisation,* ihr gab er die *Schuld* und erteilte dem Bewusstsein *Freispruch*, anstatt an seine Verantwortung zu appellieren.

Das Bewusstsein hat offenbar die verhängnisvolle Neigung, sich mit allem zu identifizieren, was ihm bewusst wird, was Teil des bewussten Seins wird. Ganz besonders, wenn es von innen kommt, wenn es aus Körper, emotionalem oder mentalem Bereich kommt. Gerät etwa ein Freund in Schwierigkeiten, bewirkt unsere emotionale Verbundenheit Gefühle, die uns dazu verleiten, SEINER Sicht der Vorkommnisse unbesehen Glauben zu schenken, wir stellen uns blindlings vertrauend auf seine Seite.

Wie können wir solches Verhalten wahrnehmen? Wie gelangen wir aus einer solchen Identifikation wieder in die Dissoziation?

Für einen Außenstehenden ist das einfacher, er beobachtet bereits aus einer dissoziierten Position heraus und kann daher die Quelle von Gedanken und Gefühlen leichter erkennen, ihre vermeintliche Verbindlichkeit in Frage stellen. Holen wir uns darum bei schwierigen Entscheidungen nicht gerne die zusätzliche Meinung einer *außenstehenden*, unparteiisch urteilenden Person?

Nehmen wir als Beispiel einen Geschäftsführer, der kurz vor Feierabend von seinem Hausmeister informiert wird, dass ein neuer Kollege permanent widerrechtlich die Parkplätze anderer Mitarbeiter benutzen würde. Es käme so in der Folge zu Verspätungen, daraus resultierten Ermahnungen der betroffenen Mitarbeiter, inzwischen sei das Betriebsklima ernsthaft gefährdet und daher eine Abmahnung oder noch besser eine Kündigung angebracht.

Das Zuweisen von Abmahnungen gehört nicht zum Aufgabenbereich eines Hausmeisters, andererseits ist er seit Gründung der Firma mit *an Bord*, zuverlässig, engagiert, allgemein beliebt, der *Neue* hingegen erst seit zwei Tagen dabei und noch in Probezeit. Jetzt so kurz vor Feierabend mühsam recherchieren, Mitarbeiter befragen und den jungen Kollegen zur Rede zu stellen? Oder dem bewährten Hausmeister vertrauen? Zumal eine rätselhafte, innere Stimme vehement dazu drängt, dem Neuling an Ort und Stelle augenblicklich zu kündigen ...

Unserem Geschäftsführer ist in diesem Moment nicht mehr bewusst, wie in der Schule ein stärkerer Junge ihm regelmäßig sein Pausenbrot abgenommen und er sich nie dagegen zu wehren getraut hatte. Sein emotionaler Bereich hingegen hat das nicht vergessen, und ob es nun um das Pausenbrot der Schulzeit oder um die Parkplätze der Kollegen geht, der emotionalen Ebene erscheint beides ausreichend ähnlich, um jetzt endlich für Gerechtigkeit zu sorgen.

Würde der Geschäftsführer die Angelegenheit etwa aus einer Supervision heraus betrachten, könnte er erkennen, wie er innerlich unter emotionalem Druck steht, für den es äußerlich aber gegenwärtig keinerlei Ursache gibt. Er müsste sich nun fragen, ob möglicherweise etwas in seinem Inneren restimuliert worden war und jetzt ein unverarbeitetes, lange zurückliegendes Geschehnis ihn erneut beeinflusste?

Er müsste sich sodann verstärkt rationalen Überlegungen zuwenden. Wieso sollten andere Kollegen in Folge zu spät kommen und daher ermahnt werden müssen? Wieso sollte das Ausweichen auf einen anderen Parkplatz so viel Zeit in Anspruch nehmen? Und was überhaupt ging das den Hausmeister an? War der ansonsten zuverlässige Mann in diesem Falle vielleicht selbst Opfer eines eigenen, unbewältigten Erlebnisses geworden und hatte dadurch seine Unparteilichkeit eingebüßt? Und hatte man eigentlich den neuen Kollegen auf die Parkgepflogenheiten hingewiesen?

Die Parkplätze waren nämlich weder durch Nummern- noch durch Namensschilder gekennzeichnet worden.

Es gibt also Methoden, die uns helfen können zu erkennen, warum wir glauben anscheinend ... *im Dienste eben dieses Höchsten ... unsere Brüder totschlagen zu müssen.*

Diese Methoden erweisen sich jedoch in der Regel als schmerzhaft und mühselig, auch sind die Zusammenhänge oft nur schwer mit Worten fassbar. Linguistiker verweisen darauf: Im Unterschied zu Sprachen, welche für Bedürfnisse des materiell orientierten Alltags entstanden sind, biete das indische Sanskrit wesentlich mehr Möglichkeiten für Beschreibungen und Darstellungen psychischer Zusammenhänge. Sanskrit wurde darum ursprünglich *Devanagari* oder *Devabhasa* genannt, die Sprache der Götter.

Das mag durchaus so sein, aber die angestrebte Dissoziation gehört nun einmal zu den Dingen, die man nicht durch B*eschreiben* sondern allein durch B*eschreiten,* nicht durch E*rlesen* sondern nur durch E*rleben* erreichen kann. Schon Goethe belehrte seinen selbstgefälligen Famulus Wagner:

> *Wenn ihr´s nicht fühlt,*
> *ihr werdet´s nicht erjagen.*

Und gnadenlos offen schrieb Prof. Dr. Horst Geyer:

Fleiß kann Dummheit nicht ausgleichen, er macht sie eher für die Umwelt erst völlig unerträglich.
(Geyer, 1984: 319)

Es ist somit weder zu erwarten noch grundlegend erforderlich, dass die *großen Konstrukteure* nochmals einschreiten. Und wir sollten froh darüber sein, denn unsere angedachte Veränderung der bewussten Ebene ginge doch wohl auch zu Lasten unseres freien Willens.

Gerade die *Ebenbildlichkeit Gottes* aber impliziert einen freien Willen. Ganz offensichtlich wird uns eine solche Ebenbildlichkeit aber nicht geschenkt, sondern muss von jedem einzelnen Menschen erst persönlich erarbeitet und verdient werden. Generation für Generation, immer wieder aufs Neue.

Teil 6: Alte Weisheiten, die Schleier heben sich

Die Überlegung war: Wenn wir uns zur Strukturierung und Funktion des Homo Sapiens grundlegende Erkenntnisse aus gegenwärtig wissenschaftlicher Sicht erarbeiten und zusammenstellen, sollte ein Abgleich mit diesbezüglichen Texten antiker Weisheitslehren doch ermöglichen, deren symbolhafte und bewusst verschleierte Aussagen zu deuten und zu verstehen. Jetzt ist es an der Zeit, diese Überlegung in die Tat umzusetzen, sie zu erproben.

Lesen wir dazu nochmals bei Patañjali nach:

> *... jener innere Zustand, in dem die seelisch-geistigen Vorgänge zur Ruhe kommen. Dann ruht der Sehende in seiner Wesensidentität. Alle anderen inneren Zustände sind bestimmt durch die Identifizierung mit den seelisch-geistigen Vorgängen ...*
> (Patañjali, 1999: 21)

Beschreibt er hier nicht genau jenes Phänomen, das wir als die irrtümliche Identifikation des Bewusstseins mit seinen Inhalten bezeichnet haben?

Lesen wir das anfangs nur teilweise vorgestellte Zitat von Paramahansa Yogananda:

Primitive Menschen erkennen selten oder nie, dass ihr Körper ein Königreich ist, das von der Seele regiert wird; sie wissen nicht, dass die Seele auf dem Thron des Großhirns sitzt und über sechs Hilfsregenten in den Rückenmarkszentren befiehlt. Diese Theokratie herrscht über eine Menge gehorsamer Untertanen: 27 Billionen Zellen (die mit einer untrüglichen, wenn auch scheinbar „bloß" automatischen Intelligenz begabt sind und das Wachstum, den Stoffwechsel und den Zerfall des Körpers bewirken) .... Solange sich der Mensch mit seinem oberflächlichen Ich identifiziert, glaubt er auch dass er es ist der denkt, will, fühlt, Nahrung verdaut und sich am Leben erhält. Nur wird er selten zugeben (obschon ihm nur ein wenig Nachdenken diese Einsicht vermitteln könnte) dass er im täglichen Leben nichts als eine Marionette ist, deren Verhalten vom Karma, von der Natur und von der Umgebung bestimmt wird. ... Darum kämpft sich der Kriya Yogi, der an keiner ephemeren Wahrheit oder Freiheit interessiert ist, durch alle Täuschungen hindurch, bis er zum Selbst –

zur wahren Freiheit – vorgedrungen ist.
(Paramahansa, 1997: 314-315)

Beschreibt er da im Großen und Ganzen nicht genau die Situation eines potenziellen Hausherrn, der sich unwissentlich mit der Rolle des Hausdieners begnügt? Und nimmt er mit den introspektiv ermittelten Chakren nicht unsere später entdeckten Plexen vorweg?

Sri Swami Sivananda beruft sich in *Kundalini Yoga* auf eine mehrere tausend Jahre alte Schrift, die Yoga-Kundalini-Upanishad:

The Yoga-Kundalini Upanishad is the eighty-sixth among the 108 Upanishads.
(Sivananda, 1994: 103)

The mind of a worldly man with base desires and passions moves in the Muladhara and Svadhishthana Chakras or centres situated near the anus and the reproductive organ respectively.
(Sivananda, 1994: XII)

Konzentrieren wir uns beispielsweise völlig auf das Lösen einer Rechenaufgabe und plötzlich auf ein unerwartetes Stechen im Bein, entsteht dann nicht der Eindruck von Bewegung? Die Aufmerksamkeit,

der Fokus des Bewusstseins, er hat sich ver-
schoben, *has moved*, denn:

Gefühle spüren wir im Körper, nicht im Kopf
(Servan-Schreiber, 2006: 51)

Beschreibt Sivananda da nicht genau einen
Menschen, der sich elementarsten Bedürfnissen
und Leidenschaften hingebend, seine ganze
Aufmerksamkeit auf den Ort des Geschehens
richtend, dorthin begibt, *moved*? Wir hatten zu
Beginn gefragt, welche geistige Erkenntnis durch
meditative Konzentration auf Anus oder Genitalien
denn gewonnen werden könne? Die Erkenntnis,
dass die Identifikation mit diesen elementaren
Bedürfnissen und Leidenschaften ein Irrtum ist,
und davon befreit oder *purified*, könnte man
weiterziehen:

*If one´s mind becomes purified the mind rises to
the Manipura Chakra or the centre in the navel
and experiences some power and joy.*

*If the mind becomes more purified, it rises to the
Anahata Chakra or centre in the heart,
experiences bliss and visualises the effulgent form
of the Ishta Devata or the tutelary deity.*

*When the mind gets highly purified, when
meditation and devotion become intense and
profound the mind rises to Visuddha Chakra or the*

centre in the throat, and experiences more and more powers and bliss. Even when the mind has reached this centre, there is a possibility for it to come down to the lower centres.

When the Yogi reaches the Ajna Chakra or the centre between the two eyebrows he attains Samadhi and realises the Supreme Self, or Brahman. There is a slight sense of separateness between the devotee and Brahman.

If he reaches the spiritual centre in the brain, the Sahasrara Chakra, the thousand-petalled lotus, the Yogi attains Nirvikalpa Samadhi or superconscious state. He becomes one with the non-dual Brahman. All sense of separateness dissolves. This is the highest plane of consciousness or supreme Asamprajnata Samadhi. Kundalini unites with Siva. The Yogi may come down to the centre in the throat to give instructions to the students and do good to others.
(Sivananda, 1994: XII)

Beschreibt das nicht den langen Pfad der bewussten Achtsamkeit, wenn man nach und nach Körperliches loslässt und sich vermehrt Geistigem zuwendet?

Wie schon bei Patañjali werden dabei auch von Sivananda magische und göttliche Fähigkeiten angesprochen.

Bei einer Untersuchung der im Yogasutra beschriebenen Psiphänomene, zu denen bisher experimentelle Studien vorliegen, kommt Radin zu dem Schluss, dass die Befunde die Aussagen von Patanjali durchweg bestätigen würden, es sich also keineswegs um Märchen handele.
(Ott, 2013: 216)

Anmerkung: Dr. Dean Radin ist ein amerikanischer Ingenieur und Parapsychologe.

Eine *Ebenbildlichkeit Gottes* beinhaltet neben Bewusstsein und freiem Willen grundlegend auch schöpferische Qualitäten. Die Schöpfung, in neuzeitlichem Sprachgebrauch das Universum, entstand nach derzeitiger wissenschaftlicher Ansicht durch einen *Urknall* aus dem Nichts heraus. Wenn die Physik selbst schon solch ein *Wunder* postuliert, was wäre dann noch verwunderlich daran, wenn wir als Teil des Ganzen uns ebenfalls als schöpferisch erwiesen?

Andernfalls, sich seiner selbst bewusst zu werden, aus der Identifikation in die Dissoziation zu gelangen, tatsächliche Ursache und Kontrolle über sein Leben zu erlangen, in diesem Sinne *erleuchtet* zu werden ... wäre ein solcher Aufstieg zum *wahrhaft humanen Menschen* nicht schon magisch oder göttlich genug?

In seinem Buch *Thought Power* schreibt Swami Sivananda:

> *Victory over thoughts is really a victory over all limitations, weakness, ignorance and death. The inner war with the mind is more terrible than the outer war with the machine-guns. Conquest of thoughts is more difficult than the conquest of the world by the force of arms. Conquer your thoughts and you will conquer the world.*
> (Sivananda, 2004: 130)

Konklusion

Unser Abenteuer begann mit der Frage, was Meditation ursprünglich einmal war und was sie ursprünglich bewirken wollte. Wir mussten, um die Aussagen alter Weisheitslehren nachvollziehen zu können, uns zunächst mit einigen Grundlagen der menschlichen Psyche aus neuzeitlicher Sicht beschäftigen, erst dann wurde im Vergleich die Botschaft der alten Schriften gewissermaßen entschlüsselt und nachvollziehbar.

Das Resultat, beide, die alten Weisheitslehren und unsere modernen Wissenschaften, beide sagen: Der durchschnittliche Mensch schöpft weder sein gegebenes Potential aus noch gestaltet er sein Leben so ursächlich, wie er grundlegend könnte und sollte. Er setzt sich nicht ausreichend mit sich als Persönlichkeit auseinander, kann sich daher nicht wirklich verstehen und in Folge auch nicht optimal organisieren. Trotz einer leistungsfähigen Ratio zieht ihn seine Emotio immer wieder auf das Niveau tierischer Lebensformen herunter.

Der Körper aber ist ein Tier mit einer Tierseele, d.h. ein dem Triebe unbedingt gehorchendes, lebendes System.
(Jung,1975: 32)

War man vor Tausenden von Jahren noch besorgt, ob der Mensch sein Potenzial ausschöpfen, seine göttliche Bestimmung zu erlangen vermag, widmet sich die Sorge heute eher der Befürchtung, dass das *Projekt Homo Sapiens* durch eigenes Verschulden vorzeitig zum Erliegen kommt.

Die *alte Welt* besaß durch Introspektion zugegebenermaßen tiefgreifende Erkenntnisse über den Menschen. Generell eh nicht für das breite Publikum gedacht, verloren diese zusätzlich wohl durch missverstandene oder falsche Darstellungen im Laufe der Zeit an Bedeutung und gerieten mehr und mehr in Vergessenheit. Erst in jüngerer Zeit wurden diese Erkenntnisse zur menschlichen Psyche neu entdeckt, jetzt aber mit einer völlig anderen, wissenschaftlichen Methode und mit wesentlich mehr strukturellem Detailwissen.

Zweifellos schade um die zirka 5000 Jahre an verlorener Zeit. Einmal davon abgesehen, warum sollte man die Meditation jetzt noch retten? Ist sie dank unserer modernen Forschung nicht nachweislich überflüssig geworden?

Introspektion ist mühsam und zeitaufwendig. Sagt man dem Suchenden im Voraus, worauf er treffen wird, besteht die Gefahr, dass seine zuvor noch unvoreingenommene Wahrnehmung nachteilig beeinflusst wird und er nun dienstbeflissen zu erblicken glaubt, wonach er sucht. Ein weiser Guru wird sich darum hüten, den Blick seiner Schüler durch Vorurteile zu trüben, er ist bemüht, die Methode zu lehren, nicht die Daten.

Es ist aber nicht nur sehr zeitaufwendig, es ist auch sehr fehleranfällig, nach etwas zu suchen ohne genau zu wissen, was man sucht.

Ferner unterliegt der subjektive Erwerb von Wissen und Kompetenz immer auch der Gefahr einer mehr oder weniger großen Willkür.

Möchte man beispielsweise ein Mantra lernen, hat aber keinerlei Kenntnis über die Mechanismen der Funktionsweise, sollten lieber alle Details hundertprozentig eingeübt werden. Es könnte doch sein, dass eine andere Betonung, eine andere Sitzhaltung, das Praktizieren zu einer anderen Tageszeit oder eine andere Anzahl von Wiederholungen die gewünschte Wirkung des Mantras abschwächt, ganz verhindert oder schlimmstenfalls ins Gegenteil verkehrt.

Ich hatte das Glück, im Quellgebiet des Ganges unter Anleitung eines indischen Gurus Mantra-Unterricht erleben zu dürfen. Jeder Fehler, also jede kleinste Abweichung, wurde sofort durch eine Kopfnuss geahndet und musste sodann bestmöglich korrigiert werden. Glücklicherweise kannte ich das Mantra und musste mir nur einige wenige Korrekturen erarbeiten, ein Mitschüler benötigte und erhielt wesentlich mehr *Zuwendung*. Möglicherweise wurde so seine Seele gerettet, gute Absicht und Fürsorge des Gurus waren durchaus erkennbar und ganz besonders spürbar. Wenn aber all diese kleinen Äußerlichkeiten bedeutungslos gewesen sein sollten, wenn ein Mantra primär dadurch wirken sollte, weil der Rezitierende seine ganze Konzentration, seine ganze Willenskraft, seinen ganzen Geist darauf ausrichtet, dann wäre eventuell eine Seele verloren, hingegen ein Apotheker durch den Verkauf einer größeren Menge Kopfschmerzmittel gerettet worden.

Im Unterschied dazu ist die wissenschaftliche Vorgehensweise objektiv, die Daten unabhängig von Person, Ort und Zeit erfassbar und meist mehrfach verifiziert, weshalb wissenschaftlich gesicherten Informationen in der Regel gerne blind vertraut wird. Anstatt mit unsicherem Ausgang eine Ewigkeit unser Inneres zu inspirieren, kaufen wir heute ein Fachbuch oder buchen die Teilnahme an einem Podcast oder Seminar und sind in kürzester Zeit vollständig informiert.

Informationen über die menschliche Psyche jedoch sind nur dann nutzbringend, wenn sie auch in ein Handeln umgesetzt werden, wenn sie von bloßen Daten zu Wissen und Kompetenz reifen. Was nutzt die Kenntnis über Funktion und Bedeutung der Emotionen, wenn heitere Gelassenheit empfehlenswert wäre, jedoch rasende Wut in uns tobt und wir ihr hilflos ausgeliefert sind? Der Meditierende ist jeder Schwierigkeit persönlich begegnet und hat sie selbst überwunden, er musste und konnte so an seiner Aufgabe reifen und über sich selbst hinauswachsen.

Der Leser eines Buches oder der Hörer eines Vortrags ist möglicherweise zwar besser informiert, hat dabei aber selbst nichts erlebt. Er kann folglich einerseits sich nicht sicher sein, ob all diese Informationen auch stimmen beziehungsweise von ihm auch richtig verstanden wurden, zudem fehlt ihm jede Erfahrung und jegliche Kompetenz im Umgang damit. Der Zeitgewinn bei der Beschaffung der Informationen wird nun wieder geschmälert, wenn er die erforderliche Mühe investiert, um mit all den Daten und ganz besonders mit deren Anwendung persönlich vertraut zu werden.

Nun geht es aber um psychische Themen, und somit muss er spätestens jetzt in sich hineinspüren, also introspektiv vorgehen, also doch darüber meditieren. Allerdings sind durch die objektive Methode zumindest gravierende subjektive Irrwege in der Regel ausgeschlossen, ein gewisser Zeitgewinn sollte also durchaus verbleiben.

Kann er diese Meditation nicht auch im Laufen praktizieren, als eine Geh-Meditation? Nun, mit nach innen gerichteter Aufmerksamkeit dürfte der Spaziergang früher vermutlich in den Tatzen eines Raubtieres, heute auf der Kühlerhaube eines Autos oder aber am Stamm des nächsten Baumes oder Laternenpfahl enden. In Ordnung, also besser sitzen. Aber muss das unbedingt in diesem Lotos-Sitz sein, warum nicht auf einem Hocker, Stuhl oder Sessel?

Im Vergleich zur Menschheitsgeschichte nimmt die Erfindung des Sitzmöbels einen erstaunlich kurzen Zeitraum ein. Erste Spuren der Herstellung von drei- oder vierbeinigen Hockern stammen aus der Jungsteinzeit. Die eigentliche Entwicklung des vierbeinigen Stuhles mit Sitzfläche und Rückenlehne begann vor 5.000 Jahren, als Kaiser, Könige und Kirchenfürsten den Thron zum Symbol ihrer Herrschaft machten. Lange Zeit nur einer elitären Minderheit zugänglich, erhielt der Stuhl erst im 16. Jahrhundert Einzug in die bürgerlichen Wohnhäuser und blieb bis ins frühe 19. Jahrhundert Ausdruck von Wohlstand und Macht.

Heute erfüllt er vielerorts als günstiger Gebrauchsgegenstand seinen Zweck, während Modelle von höherem materiellem Wert als Ausdruck des individuellen Geschmacks, zum Teil

auch als Prestigeobjekt, Wohnungen, Büros und Museen schmücken.
(Seipp Wohnen)

Ich persönlich bin der Meinung, man kann ruhig auch einen knieschonenden Hocker nehmen. Stühle oder gar Sessel lehne ich ab, sie bergen die Gefahr des Anlehnens oder gar Einschlafens, eine freie und aufrechte Haltung hingegen fördert Achtsamkeit und Präsenz. Der volle oder zumindest der halbe Lotossitz vermitteln das zugegebenermaßen in einer schwer zu beschreibenden Weise, aber auch nur, wenn man ihn kann und den Körper dabei nicht quält.

Swami Sivananda schrieb zur Meditation:

Concentration leads to meditation. Fix the mind on one object either within the body or without. Keep it the steadily for some time. This is concentration. ... A scientist ... concentrates all the energy of his mind into one focus and throws them out upon the materials he is analysing and finds out their secrets.
(2001:IX)

Wie vielen Menschen misslingt es, im Gespräch willentlich bei einem Thema zu bleiben, Herr ihrer inneren Aktivitäten zu sein? Häufig werden sie allein schon durch die eigenen Bilder und Gefühle von einer Idee zur nächsten getrieben, unfähig, für längere Zeit den Fokus auf einer Sache zu belassen. Es ist darum nicht verwunderlich, wenn Medizin, Therapie und Coaching mittlerweile gerne auf den Methodenschatz der Meditation zurückgreifen, auch wenn die Ziele dann in der Regel von anderer Natur sind.

Rückblickend ist Meditation dank unserer modernen Forschung keineswegs überflüssig geworden, sondern vielmehr die erforderliche subjektive Ergänzung unserer objektiven Forschung. Anders formuliert: Alte Weisheitslehren und moderne Wissenschaften können sich bei kluger Anwendung hervorragend ergänzen!

Infolge seiner Lebenserfahrung mag der Eine oder Andere in manchen Teilbereichen bereits erfolgreich tiefgehende eigene Erfahrungen und Kompetenzen angesammelt haben, natürlich kann er dann diesbezüglich auf Meditation verzichten, er hat hier bereits introspektiv gearbeitet.

Gerade ältere Menschen wirken oft weise und wohltuend beruhigend, wenn der schwächer werdende Körper die Intensität so mancher Emotion zurückfährt und mentaler Bereich und die Ebene des Bewusstseins nun stärker hervortreten können. Sie vermitteln uns dann einen ersten Eindruck davon, was eigentlich möglich wäre.

Vorausgesetzt, es ist gelungen, die weniger angenehmen Momente des Lebens anzunehmen, zu verarbeiten und sich dadurch persönlich zu entwickeln. Andernfalls wird der unaufgeräumte Verstand auch weiterhin hässliche Gefühle hervorrufen und der schlecht aufgestellte Hausherr, die innere Manipulation nicht erkennend, seine erlahmende emotionale Intensität durch Willensenergie kompensieren oder gar noch übertreffen.

Gehen wir nun gegen Schluss noch einige Schritte weiter, wagen wir jene Grenze einmal kurz zu überschreiten, vor der moderne, wissenschafts-orientierte Menschen normalerweise anhalten.

Was wäre, wenn die bewusste Ebene, wenn Bewusstsein und bewusster Wille, reiner Geist wären? Wenn sie immateriell wären, unsterblich wären, jenseits von Raum und Zeit? Dann würde Bewusstsein als immaterielle Entität den Tod des materiellen Körpers überleben, sich möglicherweise einen neuen Körper suchen, also re-inkarnieren. Und wollten wir uns dann mit dieser Thematik auseinandersetzen, wäre eine solche rein geistige Ebene nur noch rein geistigen Methoden zugänglich, nur noch der Meditation zugänglich, aber nicht mehr den wissenschaftlichen Vorgehens-weisen.

Und wenn nun das ganze Leben, das gesamte Universum rein geistig wäre, das Materielle eine Täuschung wäre, Maya (Sanskrit: Überlagerung, Täuschung) wäre, so etwas wie ein Traum oder eine Visualisierung wäre? Denn könnten wir einen Traum oder eine intensive Visualisierung im Augenblick des Geschehens von materieller Realität unterscheiden? Die Veden lehren, Brahman träume, und wir lebten in seinem Traum ...

Aus Sicht der Hermetik ist Träumen ein schlechter Vergleich, weil im Traum, solange es kein luzider Traum ist, das bewusste willentliche Element fehlt. Die Hermetik geht daher von einem bewusst willentlichen Erschaffen, einem Visualisieren aus, wodurch Meditation zum Schöpfungsprozess selbst wird. Ein höchster, nicht näher zu beschreibender Geist, das allumfassende ALL, habe in seinem Geist alles erschaffen, wodurch auch wir in seinem Geist leben. Kurz gesagt, unsere Sinneswahrnehmung trügt, Materie, Raum, Energie und Zeit sind nichts als geistige Bilder, im Geist des ALLs erschaffen:

THE ALL is MIND; the Universe is Mental – The Kybalion
(Three Initiates, 1940:26)

It also explains, that all the phenomenal world or universe is simply a Mental Creation of THE ALL,

*subject to the Laws of Created Things, and that
the universe, as a whole, and in its parts or units,
has its existence in the Mind of THE ALL, in which
Mind we live and move and have our being.*
(Three Initiates, 1940:27)

*Just as you ... may create a Universe of your own
in your mentality, so does THE ALL create
universes in ist own mentality. But your Universes
is the creation of a Finite Mind, whereas that of
THE ALL is the creation of an Infinite.*
(Three Initiates, 1940:70)

Auch in unserer modernen Wissenschaft wird immer wieder einmal die Frage angesprochen, ob wir möglicherweise in einer virtuellen Simulation leben?

Wie auch immer man persönlich zu all dem stehen mag, es lässt erahnen, was Erleuchtung oder Samadhi in diesem Zusammenhang wohl meint, eben diese Geistigkeit persönlich zu erkennen, selbst zu erleben, sich als Teil davon wahrzunehmen. Die Hermetik spricht vom göttlichen Paradoxon:

*While All is in THE ALL,
it is equally true that
THE ALL ist in All.*
(Three Initiates, 1940:95)

Geistiges aber kann, wie schon erläutert, nur geistig erfasst werden, nicht mit Zangen, nicht mittels Mess-Sensoren, nicht durch technische Gerätschaften, nur durch Introspektion, durch Meditation. Sollte Sri Swami Sivanada das so gemeint haben?

Those who do not concentrate and meditate ...
They are in fact living corpses and miserable
wretches.

Nachwort

Genau genommen steht in diesem Büchlein nichts Neues! Neu allein ist die Art und Weise, mit der ein seit Jahrtausenden bekanntes Wissen in zeitgemäßer und damit angestrebter verständlicher Form präsentiert wird. Und nicht nur in Indien oder Ägypten, quer über den Planeten und durch alle Zeiten hindurch kann man auf solches Wissen oder zumindest dessen rudimentäre Ansätze treffen.

So erwarte(te)n einige Naturvölker von ihren Jugendlichen für eine vollwertige Mitgliedschaft lebensgefährliche oder schmerzhafte Mutproben als Nachweis dafür, *Herr im eigenen Haus* zu sein. Vermutlich, weil es starke Willenskraft erfordert, in einer Situation, welche tatsächlich oder zumindest dem Anschein nach Gefahr für Leib und Leben darstellt, bewusste Kontrolle über die aufbrausenden physischen und emotionalen Kräfte demonstrieren zu können.

Glaubt man den Überlieferungen, unterzog die hermetische Tempelschule des alten Ägyptens ihre Novizen ebenfalls gefährlichen Eingangsprüfungen. Offensichtlich war man der Ansicht, eine umfassende Ausbildung auf mentaler und bewusster Ebene wäre nur dann sinnvoll, wenn auf körperlicher und emotionaler Ebene bereits gewisse Qualifikationen gewährleistet sind.

Entsprechend der Umgang mit Sexualität, einer der stärksten Kräfte im Menschen. Im klassischen Yoga und in vielen Religionen wird diesbezüglich absolute Herrschaft im eigenen Hause erwartet. Mag der Hausherr gelegentlich *alle Räume seines Anwesens* aufsuchen, nie sollte er dabei seine besondere Stellung vergessen, und niemals sollte er dabei sein *luxuriöses Penthouse* auf Dauer gegen das leidenschaftliche, aber Leiden schaffende *Kellerverlies des Haussklaven* eintauschen.

Wer sucht, kann und wird weitere solche Bespiele finden. Wie bereits angedeutet, quer über den Planeten und quer durch alle Zeiten, teils in ehrlicher Absicht, teils als Manipulation im Dienst wirtschaftlicher oder politischer Ziele.

Datieren wir die Geburtsstunde des Raja-Yoga oder der Hermetik vereinfachend auf das Jahr 3000 vor Christus, was haben Indien und Ägypten, was haben WIR aus diesem somit rund 5000 Jahre alten Erbe gemacht?

Bapuji – Großvater, gemeint ist Mahatma Gandhi – beklagte, dass wir uns viel Zeit nehmen, einen starken und gesunden Körper aufzubauen, doch

*keine oder nur sehr wenig Zeit, um einen starken
und gesunden Geist aufzubauen.*
(Gandhi, 2017:24)

Und dabei arbeiten wir doch so hart, investieren wir oft alle Lebenszeit in den Kampf um materielle Güter, im Gauben, damit unser Glück kaufen zu können. Swami Siddhartha Krishna aus Rishikesh in Nordindien stellte mir einmal die Frage:

*Wenn du glücklich bist durch den Verzehr einer
Pizza, war das Glück dann in der Pizza?*

Muss es denn immer gleich Erleuchtung sein? Wäre nicht schon unendlich viel gewonnen, wenn wir endlich die Stufe des *wahrhaft humanen Menschen* erreichen würden?

Rettet die Meditation

Literaturverzeichnis

Eagleman, David, 2012, Inkognito, Die geheimen Eigenleben unseres Gehirns, Frankfurt, Campus-Verlag

Gandhi, Arun, 2017, Wut ist ein Geschenk, 2.Auflage, Köln, DuMont Buchverlag

Geyer, Horst, 1984, Über die Dummheit, 11.Auflage als unveränderte Lizenzausgabe, Göttingen, Muster-Schmidt Verlag

Jung, Carl Gustav, 1975, Über die Psychologie des Unbewussten, Ungekürzte Lizenzausgabe, Frankfurt am Main, Fischer Taschenbuch

Kabat-Zinn, Ion, 2013, Gesund durch Meditation, O.W.Barth, München

Kaube, Jürgen, 09.12.2017, Papst-Kommentar, https://www.faz.net/aktuell/feuilleton/heilige-einfalt-der-papst-will-das-vaterunser-umtexten-15331441.html Letzter Zugriff: 26.10.2023

Leichsenring, Hans Jörg, 18.11.2016, 10 Qualifikationen für die Arbeit der Zukunft, https://www.der-bank-blog.de/qualifikationen-arbeit-zukunft/studien/digitalisierung/24275/ Letzter Zugriff: 26.10.2023

Lorenz, Konrad, 1974, Das sogenannte Böse, Ungekürzte Ausgabe, München, Deutscher Taschenbuch Verlag

McCarty, Wendy Anne, 2013, Ich bin Bewusstsein, Erstauflage, Köln, Innenwelt Verlag

Ott, Ulrich, 2015, Meditation für Skeptiker, Taschenbuchausgabe, München, Droemer-Verlag

Ott, Ullrich, 2013, Yoga für Skeptiker, München, O.W.Barth-Verlag

Paramahansa Yogananda, 1997, Autobiographie eines Yogi, 21.Auflage, München, O.W.Barth

Patanjali, 1999, Die Wurzeln des Yoga, Jubiläumsausgabe, München, O.W.Barth

Sandhoff, Konrad, Donner, Wolfgang, 2007, Vom Urknall zum Bewusstsein – Selbstorganisation der Materie, 124.Versammlung der Gesellschaft Deutscher Naturforscher und Ärzte, Stuttgart, Georg , Thieme Verlag

Seipp Wohnen, 5000 Jahre Stuhlgeschichte, https://news.seipp.com/editions/2010/edition9/portrait.php Letzter Zugriff: 26.10.2023

Servan-Schreiber, David, 2006, Die Neue Medizin der Emotionen, 10.Auflage, München, Goldmann-Verlag

Sri Chinmoy, 1994, Veden, Upanishaden, Bhagavadgita, München, Eugen Diederich Verlag

Steinhoff, Malte, 18.11.2009, Prozess in Großbritannien, http://www.spiegel.de/panorama/justiz/prozess-in-grossbritannien-schlafwandler-erwuergte-ehefrau-a-662003.html Letzter Zugriff: 26.10.2023

Swami Sivananda, 1994, Kundalini Yoga, 10. Edition, P.O. Shivanandanagar-249 192 Distt. Tehri-Garhwal, Uttar Pradesh, Himalayas, India, Divine Life Society

Swami Sivananda, 2001, Concentration and Meditation, 11. Edition, P.O. Shivanandanagar, Distt.Tehri-Garhwal, Uttar Pradesh, Himalayas, India, Divine Life Societ

Swami Sivananda, 2003, Shrimad Bhagavad Gita, Lautersheim, Mangalam Books

Swami Sivananda, 2004, Thought Power, 14. Edition, P.O. Shivanandanagar-249 192 Distt. Tehri-Garhwal, Uttar Pradesh, Himalayas, India, Divine Life Societ

Three Initiates, 1912, copyright 1940, The KYBALION, Chicago, Yogi Publication Society

Autor - Dank – Hörbuch - Sprecherin

Autor

Retep Lhok Brenner wurde 1950 bei Basel geboren. Inspiriert von seinem Vater, einem engagierten Ingenieur, studierte er nach dem Abitur zunächst ebenfalls Maschinenbau. Seine Begeisterung für Technik ist bis heute geblieben, dennoch wurde mir nach bestandenem Vordiplom klar, sie alleine würde mich nicht erfüllen.

Es war zwar interessant zu erfahren, wie Maschinen und Gerätschaften funktionierten, was aber *hielt die Welt im Innersten zusammen* und wie *funktionierte* die menschliche Psyche? Nach einem Ausflug in die Psychologie entschied ich mich für das Studium zum höheren Lehramt für Mathematik und Physik. Naturwissenschaft, Technik, Psychologie und Pädagogik waren für mich so gut in Einklang gebracht und gaben meiner beruflichen Arbeit für Jahrzehnte Freude und Sinn.

Die nebenberufliche Tätigkeit als Organist einer evangelischen Kirche und später über ein Jahrzehnt als Auditor einer amerikanischen Glaubensgemeinschaft ermöglichte mir detaillierte Einblicke in klassische und moderne Kirchen. Etwa zur Zeit der Jahrtausendwende erfolgte die Gründung einer eigenen Yogaschule, verbunden mit diversen Indienreisen, später eine Erweiterung des

Angebotes durch die Ausbildung zum Psychologischen Berater und Hypnose-Therapeut nach Milton H. Erickson.

Retep Lhok Brenner ist ein Pseudonym, der Inhalt dieses Buches ist von Bedeutung, nicht der Autor, der sollte und möchte im Hintergrund bleiben. Wenn Sie irgendetwas anderes wahrnehmen oder unterschiedlich beurteilen, ist das nicht nur Ihr gutes Recht, es ist sogar Ihre Pflicht. Es ist eine ganz normale Folge subjektiver Vorgehensweise und daher kein Problem. Es muss auch nicht durch Diskutieren scheinbar objektiviert werden, selbst wenn wir beide einen Konsens erzielten, hätte dieser für eine dritte Person keinerlei Bedeutung.

Für *Notfälle* - 😊 finden Sie auf der Website zum Hörbuch eine eMail-Adresse.

Dank

Ein ganz besonderer Dank gilt meiner Frau Ranjana, als Sprecherin des Hörbuchs und für ihre Geduld in den letzten Jahren, in denen ich so viel Zeit dem Schreiben widmete.

Hörbuch

Ich persönlich empfehle bei Sachbüchern als Informationsträger das gedruckte Buch. Es ermöglicht Ihnen jeweils direkt zu entscheiden, welche Passage Sie schneller, welche Sie sorgfältiger lesen möchten, welchen Abschnitt Sie gerade jetzt einmal wiederholen wollen und von welchem Sie sich vielleicht zu einer kleinen Pause einladen lassen möchten, für persönliche Überlegungen oder zum Revidieren eigener Erfahrungen. Ohne wie bei einem Hörbuch durch lästiges Vor- und Zurückspulen sich erst an die gewünschte Stelle herantasten zu müssen, von einem Wechsel der Tempi innerhalb einer Passage oder eines Satzes ganz abgesehen.

Anderseits, so unsere Erfahrung, kann für ein erstes oder im Anschluss wiederholtes Lesen ein Wechsel der Kommunikationsform durchaus bereichernd sein, und dafür bietet sich natürlich das Hörbuch an.

Wir möchten Ihnen deshalb diese Möglichkeit nicht vorenthalten und bieten Ihnen *Rettet die Meditation* zusätzlich als Hörbuch an, Vorworte und Nachwort gesprochen von mir selbst, alle anderen Teile von meiner Frau Ranjana.

Für Sie als Leserin oder Leser ist das Hörbuch kostenfrei und steht spätestens bis Frühsommer

2024 unter der Adresse einer befreundeten Yogaschule zu Ihrer Verfügung:

https://bewusstsein-samadhi.yoga-offenbach.de

Die Sprecherin

Ranjana Lhok Brenner hat Sprech- und Stimmausbildung, unterrichtet seit über zwei Jahrzehnten Yoga und Meditation, ist NLP-Master-Trainerin und bietet Coaching sowie Persönlichkeits-Workshops an.

Weitere Publikationen des Autors

Eva

Die
Bewusstwerdung
des
BEWUSSTSEINs

mit einem Hauch von
SAMADHI

Information können Sie
kaufen, Wissen nur durch
persönliche Erfahrung
und Überlegung
erwerben

Ein Wissen schaffender Roman

Retep Lhok Brenner

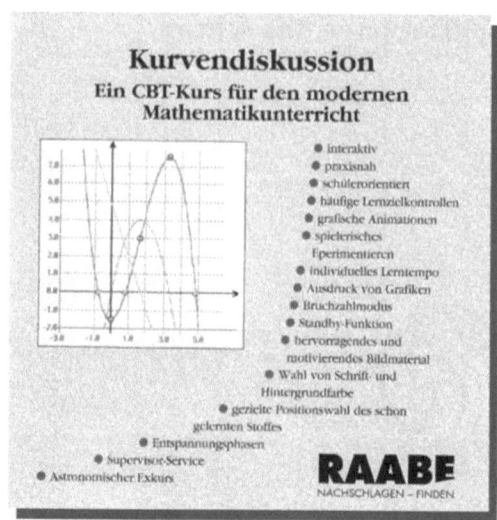